Dr. Susanne Lücke

Brot selbst gebacken

Rezepte mit Roggen, Weizen & Co

LUDWIG

Inhalt

Vorwort   4

Brot, so alt wie die menschliche Zivilisation   4

Was ist »Brot« eigentlich?   5

Warum Brot selbst backen?   6

Der Spaß an der Freud   6

Wir wollen wissen, was wir essen!   6
Selbst backen – ohne Zusatzstoffe   7

Wir wollen uns gesund ernähren   8
Gesundheit – was ist das?   8

Welches Brot ist das wertvollste?   10

Der Nährwert von Brot   11

Tipps für Umstellungswillige   12

Brot ist eine Delikatesse   12

Nur Mut! Ein Plädoyer für das Selberbacken   13

Zu den Rezepten   13

Der Teig   14

Notwendige Geräte   14

Die Grundbestandteile des Teiges   17
Mehl aus Brotgetreide   17

Flüssigkeit (Zuguss)   23

Teiglockerungsmittel   23

Kochsalz   29

Die Brotgewürze   30

Das Teigeinrühren und Teigbearbeiten   34
Weizenteig und Roggenteig im Vergleich   34

Das Kneten   35

Das Formen und Bearbeiten der Teiglinge   36

Die Vorgänge im Teig   38

Der Ofen   40

Elektro- und Gasherd   40

Holzofen   41
Notwendige Geräte für das Backen im Holzofen   42

Das Einheizen des Holzofens   42

Toskanisches Brot mit Oliven und Wein.

Schwiebuser Hausbrot aus der Mark Brandenburg.

Mischbrote mit Hefe   62

Brote mit Sauerteig mit und ohne Hefe   64

Grundrezept für Sauerteig (Dreistufenführung)   64

Grundrezept für Weizenvollkornbrot   66

Misch- und Roggenbrote mit Sauerteig und Hefe   70

Roggenbrote mit Sauerteig   74

Flachbrote   78

Brote mit pflanzlichen und anderen Zusätzen   81

Fettgebackenes   85

Süße Brote   86

Glossar   90

Literatur   93

Über dieses Buch   94

Sachregister   95

Rezepteregister   96

Chiemgauer Bauernbrot mit Butter und Zwiebelgrün.

Pizzaofen   43

Die Aufbewahrung von Brot   44

Die Brotalterung   45

Rezepte   46

Weizenbrote mit Hefe   46

Grundrezept für Weizenmehl niedriger Ausmahlungsgrade   46

Kastenbrote und angeschobenes Gebäck   50

Freigeschobene Weizenbrote mit Wasser   52

Freigeschobene Weizenbrote mit Milch oder Buttermilch   58

Freigeschobene Weizenbrote mit Milch oder Joghurt und Fettzusatz   60

Vorwort

Seit Urzeiten ist Brot Hauptnahrungsmittel in allen Getreide anbau-
enden Kulturen, und bis auf den heutigen Tag ist das »tägliche Brot«
Synonym für Nahrung überhaupt, obwohl sein Verbrauch in den letzten hundert Jahren drastisch zurückgegangen ist. Die dank der Indust-
rialisierung zunehmende Verfügbarkeit anderer Nahrungsmittel hat
dem Brot einen neuen Stellenwert gegeben. Während der beiden
Weltkriege lernten es die Menschen jedoch wieder zu schätzen.

In den sechziger Jahren ging es mit der Wertschätzung und der Qualität des Brotes in Deutschland erneut bergab. Zum einen kam es als
Dickmacher in Verruf: Nach Jahren der Unterernährung litten die
Bundesbürger nun an Übergewicht. Zum anderen sorgte die bald einsetzende »Edelfresswelle« dafür, dass wir Brot nur mehr als unver-
meidbare Unterlage für raffinierte Beläge in Kauf nahmen. Die Folge
war ein rapider Verfall unserer Brotkultur, noch zusätzlich forciert da-
durch, dass die industrielle Herstellung begann, Methoden der Zeit-
und Geldeinsparung zu erproben, die der Brotqualität alles andere als
zuträglich waren.

Brot gilt auch heute noch als ein Grundnahrungsmittel und ist insbesondere in der Vollwerternährung von großer Bedeutung.

In den siebziger Jahren setzte dann eine regelrechte Brotrenaissance
ein, an der auch ein plötzliches Interesse am Selberbacken teilhatte.
Neuen Auftrieb bekam die Selberbackbewegung durch den Trend zur
Vollwerternährung in den achtziger Jahren.

Brot, so alt wie die menschliche Zivilisation

Brot ist vermutlich kaum jünger als die Gewohnheit des Menschen,
die Rohstoffe seiner Nahrung in irgendeiner Weise aufzubereiten.
Solange der Mensch sich von Grassamen ernährte, war das kaum zu
erwarten. Aber in dem prähistorischen Moment, als er anfing, die Samen zu zerkleinern und mit einer Flüssigkeit zu Brei zu verarbeiten,
war auch die Voraussetzung für das gegeben, was wir Teig nennen.

4

Der erste Brotteig wurde mit ziemlicher Sicherheit nicht »erfunden«, sondern entdeckt. Lässt man einen Mehlbrei eine bestimmte Zeit lang im Warmen stehen, so verändert er Gestalt und Geruch. Der Brei ist von zahlreichen kleinen Bläschen durchsetzt, hat deshalb an Volumen zugenommen und riecht sauer.

Die erste Begegnung mit einem solchen gesäuerten Brei mag den Menschen vor die Entscheidung gestellt haben, ob er ihn als verdorben wegwerfen oder essen sollte, oder ob er – in einem schon fortgeschrittenen Stadium der Zivilisation – diesen Brei auf heißen Steinen trocknen bzw. backen sollte. All dies muss Spekulation bleiben, aber fest steht, dass man schon vor mehr als 5.000 Jahren Brotteig auf diese Weise behandelt hat.

Der Ursprung des Brotes in unserem Kulturkreis liegt vermutlich im alten Ägypten. Von den Ägyptern übernahmen die Griechen die Kunst des Brotbackens, und diese gaben ihre Erfahrungen an die Römer weiter, die sie im gesamten geografischen Raum ihres Imperiums verbreiteten.

Erst mit der italienischen Renaissance erlebte auch die antike Brotkultur eine Wiedergeburt. Man setzte Teigbereitungsmaschinen ein, wie man sie in Pompeji und anderswo gefunden hatte. Die ersten »modernen« Maschinen kamen jedoch erst um 1800 auf. Heute hat die Automatisierung die Brotherstellung weitgehend übernommen.

Über Tausende von Jahren wurde Brot nach ein und demselben Verfahren gebacken. Auch Teigbereitungsmaschinen gab es bereits in der Antike.

Was ist »Brot« eigentlich?

Nach den Leitsätzen für Brot und Kleingebäck wird »Brot ganz oder teilweise aus Getreide und/oder Getreideerzeugnissen in gemahlener und/oder geschroteter und/oder gequetschter Form hergestellt, meist nach Zugabe von Flüssigkeit und anderen Lebensmitteln, in der Regel durch Bereiten eines Teiges, Auswiegen, Formen, Lockern und Backen (…).«

Diese Definition ist so weit gefasst, dass sie auf jegliche Art von Brot zutrifft. Das Kulturphänomen Brot in seinen vielen Facetten tritt hier natürlich nicht in Erscheinung.

Brot selbst backen – ein kreatives Erlebnis!

Warum Brot selbst backen?

Der Spaß an der Freud

Eine Motivation dafür, sein Brot selbst zu backen, kann die bloße Neugier sein, der Spaß am Selbermachen: zu beobachten, wie Mikroorganismen, die erst in 800- bis 1.000facher Vergrößerung unter dem Mikroskop sichtbar sind, eine nützliche, sehr effiziente Tätigkeit ausüben, und das obendrein ohne Arbeitslohn!

Wir wollen wissen, was wir essen!

Die technische Entwicklung sorgte dafür, dass manch ein Brot von heute nur mehr trügerisches Abbild des ursprünglichen Produktes ist.

Entscheidender für viele Hausbrotbäcker und -bäckerinnen dürfte aber die für Laien meist völlig undurchsichtige Rezeptur des professionell gefertigten Brotes sein, egal, ob es nun aus der Fabrik oder der Backstube kommt.

Die Grundsätze der modernen Massenfabrikation von Brot orientieren sich an zwei Gesichtspunkten: zum einen an der Einsparung von (teuren) Zutaten und Zeit und damit auch Geld; zum anderen daran, die Teigbeschaffenheit so zu manipulieren, dass sich der Teig problemlos mit Maschinen bearbeiten lässt. Diese Ziele sind jedoch nicht ohne die Zugabe von Zusatzstoffen zu erreichen.

Hier nur einige der Zwecke, denen Zusatzstoffe im Brot dienen:

▶ Verbesserung des Volumens
▶ Verhinderung von Schimmelbildung
▶ Aufnahme von mehr Wasser
▶ Beschleunigung der Gärung
▶ längere Frischhaltung
▶ raschere Bräunung (Verkürzung der Backzeit)

Zeit ist Geld, auch die altbewährte lange Teigruhezeit. Zu kurze Teig-ruhe- und Backzeiten bedeuten jedoch einen Qualitätsschwund, und der wiederum macht Zusatzstoffe nötig, diesen Mangel auszuglei-chen, etwa um das Aroma abzurunden.

Ein geradezu absurdes Beispiel: Eine Zeit lang war das (inzwischen verbotene) Färben von Brotteig mit Zuckerkulör (E 150) Mode, um ein »gesundes«, aus Vollkornmehl hergestelltes Brot vorzutäuschen. Ein Nachfolgeprodukt auf Malzbasis erzielt keine vergleichbare (aber auch überflüssige) Farbintensität.

Welche Stoffe im Brot enthalten sind, weiß oft noch nicht einmal der Hersteller bzw. der Bäcker. Er kennt lediglich deren Wirkung. Das ist eine Art Serviceleistung der Zulieferindustrie von Backmitteln, um den Brothersteller nicht mit diesen Problemen zu belasten.

Der Verbraucher erfährt, wenn er unverpacktes Brot kauft (und das hat den größten Marktanteil), über die Backzutaten gar nichts, denn eine Kennzeichnungspflicht besteht lediglich für verpacktes Brot. Die Kennzeichnung verrät aber auch nur summarisch, dass »Backmittel« enthalten sind, nicht aber welche. Derzeit sollen etwa 20 verschiedene Stoffe für die Herstellung von Brot und Backwaren im Einsatz sein. Die allgemeine Liste der Zusatzstoff-Verordnung führt etwa 50 für Backwaren zugelassene Substanzen auf (Antioxidationsmittel, Dickungsmittel, Emulgatoren, Farbstoffe, Geschmacksstoffe und Konservierungsmittel). Die Statistik verrät, dass 1986 in der Bundes-republik 40.000 Tonnen Hilfsstoffe für Brot, 30.000 Tonnen für Bröt-chen »verbacken« wurden. 98 Prozent aller Bäcker griffen damals auf solche Backhilfsmittel zurück.

Der Einsatz genmanipulierter Hefe, der in England bereits zugelassen ist, ist gewiss auch hierzulande nur eine Frage der Zeit. Schnelltriebhe-fen sorgen – wieder einmal – für eine Verkürzung der Teigführung.

Die Inhaltsstoffe eines gekauften Brotes bleiben zu großen Teilen Geheimnis der Backmittelhersteller. Selbst der Bäcker kennt sie in den meisten Fällen nicht.

Selbst backen – ohne Zusatzstoffe

Zu viele Mittelchen, zu viele Tricks, zu viele Bäcker, die sich ihrer be-dienen, sagen Kritiker eingedenk der Tatsache, dass Brot auch heute noch als Grundnahrungsmittel gilt. Im Brot haben ihrer – gerechtfer-

Der weitaus größte Teil des Brotes kommt unverpackt in den Handel. Aber weder hier noch bei verpacktem Brot erfahren die Käufer Genaueres über die Inhaltsstoffe.

tigten – Meinung nach weder Emulgatoren noch färbende Stoffe und Geschmacksstoffe noch Konservierungsmittel etwas zu suchen.

Vor einiger Zeit haben sich die Bäcker, die unverpacktes Brot verkaufen, dazu verpflichtet, eine Liste der von ihnen verwendeten Zusatzstoffe im Laden auszulegen. Dieses Vorhaben scheint aber mehr theoretischer Art zu sein.

Inzwischen hat sich im Zuge der Gesundheitswelle auch ein Zweig der Brotindustrie auf die Nachfrage nach einem »sauberen« Brot eingestellt. Aber nicht alles Brot aus der Naturkostecke ist so wertvoll, wie es sich gibt, weil nämlich bei weitem nicht alle Teige dem alterprobten langsamen Reifeprozess überlassen werden. Dieser ist aber bei der Verwendung von Vollkornmehlen unbedingt nötig (siehe S. 26 f.). Aus Gründen der Zeitersparnis unterbleibt der Reifeprozess allerdings häufig, ohne dass wir Käufer davon erfahren. Wenn wir unser Brot selbst backen, können wir dem Teig jedoch die nötige Ruhe gönnen. Außerdem sind alle Zusatzstoffe bei der Hausbäckerei überflüssig. Unser selbst gebackenes Brot benötigt lediglich vier Grundzutaten: Mehl, Wasser, ein natürliches Lockerungsmittel und Salz.

Wir wollen uns gesund ernähren

Wann immer es um Aufklärung über gesunde Lebensweise geht, geht es auch um gesunde Ernährung. Sie ist ein Grundpfeiler in der Vorbeugung gegen alle Arten von Zivilisationskrankheiten. Vor der Beschäftigung mit gesunder Ernährung steht aber die Frage, worin Gesundheit eigentlich besteht.

Gesundheit – was ist das?

Hört man Ernährungsphysiologen zu, so entsteht leicht der Eindruck, der Mensch sei eine Art Stoffwechselmaschine. Je mehr Vollwertkost, je mehr Obst und Gemüse, je mehr ungesättigte Fettsäuren, desto gesünder! Die WHO (Weltgesundheitsorganisation) in Genf fasst den Begriff »Gesundheit« viel weiter. Für sie bedeutet er »körperliches, seelisches, geistiges und soziales Wohlbefinden«. Gesundheit – ein nie zu erreichender Idealzustand? Vielleicht. Immerhin ist körperliches Wohlbefinden ein wichtiger Teilaspekt der Gesundheit, und die Ernährung trägt wesentlich dazu bei.

Dass eine »Vollwertkost« die beste Ernährung ist, braucht nicht mehr diskutiert zu werden. Viele aber, die sich zu einer Umstellung auf Vollwertkost entschlossen haben, machen die Erfahrung, dass die so gesunde Nahrung zunächst keineswegs den erwarteten positiven Effekt hat. Ballaststoffe von Obst und Gemüse, Schalenanteile in Brot und Hülsenfrüchten können Verdauungsprobleme aller Art verursachen. Der Körper braucht eine gewisse Zeit, sich umzustellen. Eine Dauer von drei Monaten ist keine Seltenheit. Es ist aber durchaus möglich, dass der gewünschte Erfolg auch auf Dauer ausbleibt. Man kann also, wie so oft, keine allgemein gültige Regel aufstellen. Heute sind Ernährungsfachleute übrigens mehr und mehr der Meinung, dass der Genusswert des Essens eine nicht zu unterschätzende Bedeutung hat. Wer sein Essen lustlos schluckt, wer, statt mit Appetit zu essen, seinen Körper lediglich mit Nähr- und Wirkstoffen versorgt, wer bei Tisch ängstlich Kalorien zählt, kann sich unter Umständen großen Schaden zufügen.

Verlieren Sie bei allem Gesundheitsbewusstsein nicht den Genuss am Essen aus den Augen. Und gutes Brot ist in jedem Fall ein Genuss!

Eine gesunde Ernährung steigert nicht nur Ihr körperliches und seelisches Wohlbefinden, sondern sollte auch ein kulinarischer Genuss sein.

Welches Brot ist das wertvollste?

Ernährungsphysiologisch betrachtet ist Vollkornbrot das wertvollste (siehe S. 11). Es enthält nicht nur Grundnährstoffe wie Kohlenhydrate (Stärke), Eiweiß und Fett, sondern auch reichlich Mineralien, Vitamine und Ballaststoffe. Die drei Letzteren sind vor allem in den Randschichten des Korns enthalten. Je niedriger das Mehl ausgemahlen ist (siehe S. 19f.), desto ärmer ist es an diesen Stoffen. Weizenmehl der Type 405 enthält am wenigsten davon. Es empfiehlt sich also, Brot und Kuchen mit höher ausgemahlenem Mehl zu backen. Selbst Mehl der Type 550 enthält schon deutlich mehr Vitamine und Mineralien und ist immer noch sehr hell.

Vollkorngetreide ist aber nur dann Vollwertgetreide, wenn es angemessen verarbeitet wird, d. h. wenn der Teig gesäuert ist. Unterbleibt das, so verhindern pflanzeneigene Stoffe (z. B. Phytinsäure) die restlose Verwertung für uns wichtiger Inhaltsstoffe.

Über die Bedeutung der Ballaststoffe, die im Grunde keiner Ehrenrettung mehr bedürfen, nur noch Folgendes zur Erinnerung: Sie fördern die Kautätigkeit, sättigen nachhaltig, quellen im Dickdarm und unterstützen die Darmtätigkeit, beugen also der Darmträgheit vor und beeinflussen den Cholesterinspiegel günstig.

Bei allen Vorzügen des Vollkornbrotes bleibt dennoch zu sagen, dass Weißbrot besser ist als sein Ruf. Ernährungsbewusste lehnen es meist strikt ab. Natürlich ist es widersinnig, dass wir zuerst beim Mahlen und Aussieben des Korns die wertvollen Randschichten entfernen, um sie dann hinterher im Reformhaus als Ballaststoffe teuer wieder einzukaufen. Aber ein Weißbrot ist keineswegs wertlos, also frei von jeglichem Nährwert. Selbst das Brötchen aus Auszugsmehl enthält noch Kohlenhydrate, Eiweiß, Fett und Spuren von Mineralstoffen und Vitaminen.

Außerdem sollte man bei der Brotwahl nicht aus dem Auge verlieren, was man zum Brot zu essen gedenkt. Zu einem Lachsparfait mit zartem Aroma passt nun mal kein Schrotbrot. Das sollte man sich für einen Harzer Käse aufheben. Das ideale Angebot ist ein Korb mit verschiedenen Brotsorten.

Esskultur ist mehr als die Summe vollwertiger Nahrungsmittel. Selbst das Weißbrot ist besser als sein Ruf und hat seinen berechtigten Platz im Brotkorb.

Der Nährwert von Brot

Nährwerttabelle Mittlerer Gehalt in 100 g Brot	Wassergehalt	Energie		Grundnährstoffe				Mineralstoffe					Vitamine		
				Eiweiß (Protein)	Fett	Kohlenhydrate	Gesamtballaststoffe	Natrium	Kalium	Kalzium	Phosphor	Eisen	B1	B2	Niacin
	g	kJ	kcal	g	g	g	g	mg	mg	mg	mg	mg	µg	µg	mg
Pumpernickel	40	860	202	6,5	1,2	42,1	10,1	569	454	84	229	2,4	50	80	1,2
Roggenvollkorn-/ Roggenschrotbrot	42	872	205	6,3	1,2	42,3	9,0	424	291	56	153	3,0	180	150	1,0
Roggen(mehl)brot	39	926	218	6,3	1,4	46,2	6,5	520	230	20	134	1,9	160	120	1,1
Roggenmischbrot	38	978	230	6,5	1,4	47,9	5,8	400	230	23	167	2,3	180	80	1,0
Weizenmischbrot	36	1001	256	7,0	1,5	48,5	4,5	400	210	26	110	1,7	140	70	1,2
Weizen(mehl)-/ Weißbrot	35	1070	252	7,5	1,8	51,5	3,2	385	130	25	90	0,9	90	60	1,0
Weizentoastbrot	35	1124	261	7,9	3,9	49,7	3,1	380	130	25	90	0,9	80	50	1,0
Weizenvollkornbrot	39	877	206	6,7	1,2	42,2	6,4	430	210	95	265	2,0	230	150	3,3
Brötchen/Semmeln	33	1084	258	7,7	1,0	51,3	3,5	485	115	25	110	0,6	100	50	1,0
Knäckebrot	7	1413	333	10,6	1,7	68,7	15,8	463	436	55	380	5,0	200	180	1,1

Quellen:

Analysenwerte der Bundesanstalt für Getreide-, Kartoffel- und Fettforschung, Detmold und Münster, Detmold Institut für Müllerei- und Bäckereitechnologie.

S.W. Souci, W. Fachmann und H. Kraut

Die Zusammensetzung der Lebensmitttel.

Nährwert-Tabellen

Erläuterungen:

g   = Gramm

mg = Milligramm   = 1/1.000 Gramm

µg = Mikrogramm = 1/1.000 Milligramm

Umrechnungsmöglichkeiten:

1 Kilokalorie (kcal) = 4,184 Kilojoule (kJ)

= 4,2 kJ

1 kJ   = 0,239 kcal

= 0,24 kcal

Tipps für Umstellungswillige

Fein gemahlenes Vollkorn ist bekömmlicher als grob geschrotetes. Steigen Sie nicht abrupt auf Vollwertkost um, sondern ganz allmählich, indem Sie beispielsweise mit einem Vollkornknäckebrot zum Frühstück beginnen. Nehmen Sie Vollkorngebäck nie zusammen mit frischem Obst oder Obstsäften zu sich, da dies zu Gärungen und Blähungen führen kann.

Brot ist eine Delikatesse

Ein qualitativ hochwertiges Brot duftet aromatisch, hat eine dicke Kruste, die das Innere frisch hält, und krümelt bzw. klebt nicht.

Darin sind sich alle Genießer einig: Ein frisches, duftendes, knuspriges Brot ist eine Delikatesse! Oder besser: Es kann eine sein, wenn folgende Qualitätsmerkmale erfüllt sind:

▶ Brot aus lange gereiftem Teig duftet und hat ein volles Aroma.

▶ Die Kruste muss ausreichend dick sein – je nach Laibgröße und Brottypus bis zu acht Millimeter und entsprechend dunkel. Eine kräftige Kruste trägt entscheidend zum Aroma bei und verhindert ein frühzeitiges Austrocknen des Brotes. Viele »Vollwertbrote« im Handel scheinen mehr im Ofen getrocknet als gebacken zu sein.

▶ Die Krume sollte immer elastisch sein, nie krümeln oder zusammenkleben. Ein Fingerdruck muss sich sofort wieder schließen. Bleibt die Delle, so ist der Teig nicht ausreichend bearbeitet und gereift. Das gilt vor allem für Weizenbrote und Brötchen aus hellem Mehl. Einschränkung: Die Regel gilt nicht für das noch warme Brot. Daher sollte man Brot nie warm anschneiden, Roggenbrot am besten erst einen Tag nach dem Backen. Der Mangel an Kleber macht sich natürlicherweise auch im fertigen Roggenbrot bemerkbar, so dass es die Krumenelastizität des Weizenteiges nicht erreicht.

In der Gastronomie scheint Brot immer noch ein Stiefkind zu sein. Kein Restaurantkritiker schenkt ihm Beachtung. Der Brotkorb stellt aber die erste Begegnung mit einer Restaurantküche dar und ist somit ein Qualitätsmerkmal. Wäre das Brot Gegenstand der kulinarischen Kritik, würde sogar so manches Nobelrestaurant schlecht abschneiden.

Nur Mut! Ein Plädoyer für das Selberbacken

Bei manchen Hausfrauen und -männern hält sich hartnäckig das Vorurteil, selbst Brot zu backen sei zu schwierig oder gar unmöglich. Um es gleich vorwegzunehmen: Brotbacken ist grundsätzlich nicht schwieriger als Kuchenbacken!

Es gibt gar nicht so wenige, die ihr »tägliches« Brot selbst backen. Das will nicht heißen, dass sie es täglich backen; aber sie essen es täglich. Das ist für viele von uns, zugegeben, zeitlich nicht machbar. Aber beispielsweise den Sonntagskuchen einmal (oder regelmäßig) durch ein Brot oder hausgebackene Brötchen ersetzen – das ist durchaus kein Kunststück.

Zu den Rezepten

Die Rezepte in diesem Buch beschränken sich im Wesentlichen auf das Material, das uns die bäuerliche und handwerkliche Tradition unseres Kulturkreises an die Hand gibt. Ein Fladen aus Kichererbsen- oder Maismehl kann interessant schmecken, ist in unserem Sinne aber kein Brot, und gemahlene Haferflocken, Weizenkeime, Amaranth und Quinoa sind eher Zutaten für einen Brei als für Brot.

Im Rezeptteil ab S. 46 finden Sie zunächst Rezepte für Weizen- und Mischbrote bzw. -brötchen mit Hefe, da Ihnen die Teigbereitung mit Hefe vom Kuchenbacken her bereits vertraut sein dürfte. Auch Ihre Frühstücks- und Partybaguettes können Sie in Zukunft »à la maison« zubereiten. Das Sauerteigkapitel bietet Ihnen nicht nur Rezepte für Weizen-, Misch- und Roggenbrote, sondern darüber hinaus auch für Flachbrote (Knäckebrot), für Brote mit pflanzlichen und anderen Lebensmittelzusätzen (z. B. Nuss- und Zucchinibrot) sowie für Fettgebackenes und süße Brote.

Die geografische Herkunft der Rezepte reicht von einigen Regionen Deutschlands über die Alpenländer bis nach Süd- und Osteuropa.

Brotbacken ist eine Kunst, die Sie lernen können. Etwas Experimentierfreude gehört dazu. Seien Sie stolz auf Ihre ersten selbst gebackenen Brötchen.

Der Teig

Für das gute Gelingen eines selbst gebackenen Brotes benötigen Sie eine Reihe von Utensilien.

Die meisten der Geräte, die für das Brotbacken notwendig sind, finden sich in jeder durchschnittlich ausgestatteten Küche.

Notwendige Geräte

Als Grundausstattung für das Brotbacken sind unerlässlich:
▶ eine Waage, möglichst mit Grammangabe
▶ ein Messbecher; darin lässt sich auch der Vorteig anrühren
▶ eine große Schüssel; praktisch ist eine Plastikschüssel mit einem Durchmesser von ca. 32 Zentimetern und einer Höhe von ca. 18 Zentimetern (für eine Mehlmenge von einem Kilogramm)
▶ ein hölzerner Kochlöffel zum Abschlagen des Teiges
▶ Teelöffel
▶ Esslöffel
▶ ein sauberes Geschirrtuch und/oder ein entsprechend großer Topfdeckel zum Zudecken der Schüssel
▶ ein bis zwei Backbleche
▶ ein Backpinsel
Darüber hinaus empfehlenswert ist:
▶ ein Mehlsieb; am besten ein Einhandsieb; oder ein Schneebesen
▶ ein Joghurtbereiter zum Ansetzen des Sauerteiges. Für diesen Zweck ist ein Joghurtbereiter von größerem Fassungsvermögen (ein Liter) vorzuziehen. Die Alternative ist ein Set aus einzelnen Gläschen mit Schraubverschluss. Wer ein solches Gerät bereits besitzt, kann sich damit durchaus behelfen. (Gläschen nur zu einem Drittel füllen!)
▶ ein Nudelholz
▶ eine Gewürzmühle oder ein Mörser
▶ zwei Kastenformen; eine mit 30 Zentimetern Länge (für ungefähr 500 Gramm Teig), eine zweite mit 25 Zentimetern Länge
▶ Gärkörbe; für die Stückgare des so genannten Korbbrotes erforderlich. Für eine Teigmenge von einem Kilogramm sollte der Korb ca. 25–30 Zentimeter Durchmesser haben. Geeignet sind runde wie längliche Formen aus Korb- oder Bastgeflecht oder Peddigrohr.

▶ eine Fritteuse oder ein anderer geeigneter Topf für das Ausbacken von Teiglingen in schwimmendem Fett

▶ ein Schaumlöffel

▶ ein Flüssigkeitsthermometer

Nicht unbedingt nötig sind:

▶ ein Backbrett; man kann ebenso gut auf jeder anderen sauberen Arbeitsfläche – wohl in der Regel der Tischplatte – den Teig bearbeiten

▶ ein Teigthermometer

▶ eine Knetmaschine; im Handel findet man auch Knetmaschinen für kleinere Teigmengen. Für den Durchschnittshaushalt empfiehlt sich eine Universalküchenmaschine. Ein spezieller Teigknethaken ist dann allerdings unbedingt notwendig.

▶ eine Getreidemühle. Ohne Zweifel: Ein frisch gemahlenes Korn hat das vollste Aroma. Mehl büßt schon wenige Stunden nach dem Mahlen Aroma ein. Wenn man häufig oder regelmäßig Brot bäckt, lohnt sich daher die Anschaffung einer (allerdings nicht gerade billigen) Getreidemühle. Es gibt Handmühlen und drei Typen von elektrischen Getreidemühlen: solche mit Stein-, mit Stahl- oder mit Keramikmahlwerk. Jede dieser Mühlenarten hat natürlich ihre Vor- und Nachteile.

Einige der Geräte brauchen Sie nicht unbedingt. Bäuerinnen z. B. backen auch ohne Teigthermometer ein herrliches Brot.

Die wichtigsten Gerät-schaften für das Brotbacken, etwa ein Messbecher, eine Waage, Backbleche und Kuchenformen, sind in den meisten Haushalten bereits vorhanden.

Handmühlen erfordern Muskelarbeit und sind entsprechend langsam. Per Hand schafft man 30 bis 60 Gramm Weizen pro Minute. Dabei wird das Mahlgut besonders schonend behandelt, da es kaum erhitzt wird. (Bei Temperaturen über 55 °C verliert das Eiweiß seine Elastizität; das Gebäck »fällt zusammen«.) Ein weiterer Vorteil: Handmühlen sind im Schnitt billiger als elektrische Getreidemühlen. Die schnellsten elektrischen Mühlen mahlen ein Kilogramm Getreide in 20 Minuten. Mühlen mit Steinmahlwerk haben den Vorteil, dass sie sehr fein mahlen. Nachteil: Man kann keine ölhaltigen Samen damit mahlen, da dabei der Stein verklebt.

Mühlen mit Stahl- oder Keramikstahlwerk haben den Vorteil, dass sie auch für ölhaltige Samen geeignet sind. Stahlmahlwerke haben aber den Nachteil, dass es einen leichten Abrieb gibt und das Mahlgut nicht so fein gerät.

Unter ökonomischem Gesichtspunkt empfiehlt sich die Anschaffung einer Küchenmaschine mit Mahlvorsatz. Umso günstiger ist es natürlich, wenn man bereits eine Küchenmaschine besitzt.

Tipp

Für kleine Mengen kleinsamiger Früchte (z. B. Hirse) kann man ohne weiteres eine elektrische Kaffeemühle als Mahlgerät verwenden.

Wenn Sie sich für den Kauf einer Getreidemühle entscheiden, haben Sie die Qual der Wahl: Es gibt Handmühlen, elektrische Mühlen und Mühlen mit Stahl- oder Keramikstahlwerk.

Mit einer eigenen Getreidemühle können Sie sich jederzeit Ihr Mehl frisch mahlen – es hat dann sein vollstes Aroma!

16

Die Grundbestandteile des Teiges

Brotteig benötigt vier Grundzutaten: ein Mahlerzeugnis (Mehl, Schrot), Flüssigkeit, ein Lockerungsmittel und Salz. Erst durch das Quellen der Stärke des Mehls in der Flüssigkeit entsteht Teig, der durch den Zusatz von Hefe oder Sauerteig (oder beidem) zum Gären und Säuern gebracht wird. Dabei wird der Teig gelockert und gewinnt an Volumen. Der Gärvorgang wird durch ein günstiges Küchenklima beschleunigt oder sogar erst ermöglicht. Es sollte grundsätzlich sehr warm und feucht sein. Ohne die den Hefen und Bakterien angemessene Temperatur gelingt kein Brotteig. Ist der Raum nicht warm genug, heizt man am besten das Backrohr auf 50 °C an, schaltet ab und stellt den Teig ins Rohr, bis er aufgegangen ist.

Brot ist nichts anderes als gebackener, verkleisterter Teig. Er kommt mit vier Grundzutaten aus: Mehl, Flüssigkeit, Lockerungsmitteln und Salz.

Mehl aus Brotgetreide

Das nach wie vor meistgeschätzte und -verwendete Brotgetreide ist der **Weizen** (*Triticum aestivum*). Von allen Getreidearten ist Weizen die anspruchsvollste. Er verträgt weder Kälte noch Höhe. Die nördliche Anbaugrenze ist das südliche Schottland. Weizen ist das traditionelle Brotgetreide der Mittelmeerländer. Erst als man widerstandsfähigere Sorten zu züchten vermochte, war der Anbau auch in den nördlichen Breiten möglich. Unter den Weizenarten unterscheidet man zwei Hauptgruppen: den Hartweizen (*Triticum durum*) und den Weichweizen (*Triticum aestivum*). Hartweizen ist noch wärmebedürftiger als Weichweizen. Dieses besonders proteinreiche Brotgetreide ist im Mittelmeerraum sehr geschätzt.

Dinkel (*Triticum spelta*) ist eine uralte, aus Mesopotamien und Persien stammende Weizenart, die auch den antiken Griechen und Römern bekannt war. Auch in unseren Breiten, nämlich in Schwaben und in der Schweiz, wurde Dinkel seit alters her als Brotgetreide angebaut. Der Lech bildet ziemlich genau die Grenze zwischen Dinkel- und Roggenland. Lange Zeit in Vergessenheit geraten, wurde der Dinkel vor etlichen Jahren von Nostalgikern und Vollwertköstlern wiederentdeckt. Seine Backeigenschaften unterscheiden sich grundsätzlich nicht von denen des Weichweizens. Nur enthält Dinkel wesentlich mehr Kleber als Weichweizen, so dass der daraus zubereitete Teig eine noch größere Standfestigkeit hat.

Roggen (*Secale*) war bereits in der Bronzezeit bekannt. Als seine Heimat nimmt man eine Region von Kleinasien bis Indien an. Sein Vorteil ist seine Unempfindlichkeit gegenüber Kälte und Nässe. Nachteil: Die bei einem Unwetter niedergedrückten Halme richten sich nicht mehr auf, so dass die Ernte mühselig und – bei Einsatz von Maschinen – sogar unmöglich wird. Ferner hat Roggen schlechtere Backeigenschaften als Weizen.

Dinkelmehl hat besonders gute Backeigenschaften, denn Dinkel enthält sehr viel mehr Kleber als Weizen und verleiht dem Teig so mehr Festigkeit.

Vom Korn zum Mehl

Das Mahlen des Getreides in der Mühle ist ein ausgeklügeltes, langwieriges Verfahren. Vor dem Mahlen wird Getreide zunächst in mehreren Arbeitsgängen gereinigt. Dies ist nötig, da das frisch gedroschene Rohgetreide viele Fremdkörper enthält: Strohteile, Erde, Steinchen, Staub, Mutterkorn, Unkrautsamen, auch Teile von Insekten und vieles andere mehr. Nach gründlichem Bürsten und Waschen sorgt man für den für die Vermahlung optimalen Feuchtigkeitsgehalt. Eine gründliche Säuberung ist aus gesundheitlichen Gründen geboten, aber auch zum Schutz der Mahlwerke. Dann wird in einzelnen Stufen (»Passagen«) ausgesiebt. Weizen z. B. durchläuft 12 bis 25 solcher Passagen, Roggen 8 bis 15.

Rückstände im Mehl

Beim Intensivanbau von Getreide kommt eine Menge von Pflanzenbehandlungsmitteln zum Einsatz: von chemischen Mitteln (Herbizide), Substanzen gegen Schädlingsbefall (Insektizide) über Halmverkürzer (um das Umknicken der Halme unter dem Gewicht der Ähren zu verhindern) bis zu Vorratsschutzmitteln und quecksilberhaltigen Beizmitteln zur Konservierung von Saatgetreide. Da immer mehr Verbraucher den Einsatz von Chemikalien ablehnen, hat der alternative Landbau zunehmende Chancen. Der »ökologische« Anbau verzichtet auf den Einsatz chemischer Behandlungsmittel.

Was besagen die Mehltypen?

Weizen- und Roggenmehl kommen in verschiedenen Ausmahlungsgraden auf den Markt. Man spricht von »Mehltypen«. Dabei gilt: Je höher die Typenzahl (siehe Mehltypentabelle), desto dunkler ist das Mehl, desto mehr Schalenanteile sind in ihm enthalten und desto wertvoller ist es in ernährungsphysiologischer Hinsicht. Die Zahlen bei den einzelnen Mehltypen erklären sich so: Verbrennt man Mehl, so bleiben die unverbrennbaren Rückstände, die Mineralstoffe, als »Asche« zurück. Da diese in den Randschichten eingelagert sind, haben Mehle aus dem ganzen Korn mehr unverbrennbare Rückstände. Zur Verdeutlichung: Weizenmehl der Type 550 bedeutet, dass in 100 Kilogramm Mehl 550 Gramm Mineralstoffe enthalten sind, dass 100 Kilogramm Mehl der Type 1.050 Gramm Mineralstoffe enthalten usw.

Helle Mehle haben einen hohen Mehlkörperanteil Daher gilt: je heller das Mehl, desto leichter gelingt der Teig.

Der Ausmahlungsgrad

Helle Mehle sind das Ergebnis eines niedrigen Ausmahlungsgrades. Das Korn ist dann nur bis zu 70 Prozent ausgemahlen. Solche Mehle haben einen hohen Mehlkörperanteil, also auch einen hohen Stärkegehalt. Dunkle Mehle haben einen hohen Ausmahlungsgrad, nämlich bis zu 85 Prozent. Schrote sind bis zu 95 Prozent ausgemahlen. Die dunkle Farbe ist auf den hohen Schalenanteil zurückzuführen. Das bedeutet, dass Schrot einen hohen Gehalt an Eiweiß, Mineralstoffen, Ballaststoffen und Vitaminen hat.

Mehltypen (DIN-Normen)

Weizenmehl	Roggenmehl	Dinkelmehl
Type 405 Auszugsmehl	Type 815	Type 630
Type 550	Type 997	Type 812
Type 812	Type 1150	Type 1050
Type 1050	Type 1370	
Type 1600	Type 1740	
Type 1700 Weizenbackschrot	Type 1800 Roggenbackschrot	

Instantmehl ist ein aus porösen Partikelchen bestehendes helles Weizenmehl, das nicht klumpt und deshalb vor der Verwendung nicht gesiebt oder glatt gerührt werden muss. Dies erreicht man durch ein besonderes Verfahren, bei dem das Mehl zuerst befeuchtet und anschließend sprühgetrocknet wird.

»Stippen« sind feinste Schalenteilchen – im Mehl als winzige dunkle Punkte erkennbar. Bei Weizen sind sie relativ leicht vom Korn bzw. dem Grieß zu lösen, nicht so bei Roggen. Daher sind Roggenmehle immer stippenreich.

Der Körnungsgrad

Die Mahlerzeugnisse verlassen die Mühle in verschiedenen Körnungsgraden. Unter diesem Gesichtspunkt muss wie folgt unterschieden werden:

▶ Mehle, pulverförmig (Teilchengröße zwischen 50 und 125 μm)
▶ Dunste, noch pulverförmig (Teilchen zwischen 100 und 200 μm)
▶ Grieße, die gröbsten Mehlkörperteilchen (zwischen 200 und 500 μm)
▶ Backschrote (Vollkornschrote) werden aus dem gereinigten ganzen Korn (Mehlkörper, Schale und Keim) gemahlen. Sie kommen in verschiedenen Feinheitsgraden vor: fein, mittel, grob und extra. Die Teilchengröße spielt für die Quellungs- und Gärvorgänge eine große Rolle. Je kleiner nämlich die einzelnen Teilchen sind, umso rascher erfolgt die Mehlaufnahme und desto besser quellen sie.

Die für unsere Ernährung wichtigsten Inhaltsstoffe finden sich gerade in den Randschichten des Korns. Sie bleiben jedoch nur im Vollkornmehl erhalten.

Der wertvolle »Abfall«

Bei allen Mehlen mit Ausnahme des Vollkornmehls wird außer den Schalen auch der Keim entfernt. Dieser enthält jedoch biologisch hochwertiges Eiweiß, Vitamine, Mineralstoffe und Fett (u.a. die essenzielle Linolsäure). Als »Kleie« bezeichnet man alle Teile des Getreidekorns, die bei der Vermahlung ausgesondert werden. Sie ist reich an wertvollen Inhaltsstoffen. Noch zu Beginn unseres Jahrhunderts wurde sie als (für die menschliche Ernährung) wertlos betrachtet und ausschließlich verfüttert. Heute ist sie nicht zuletzt als die Darmtätigkeit anregender Ballaststoff geschätzt.

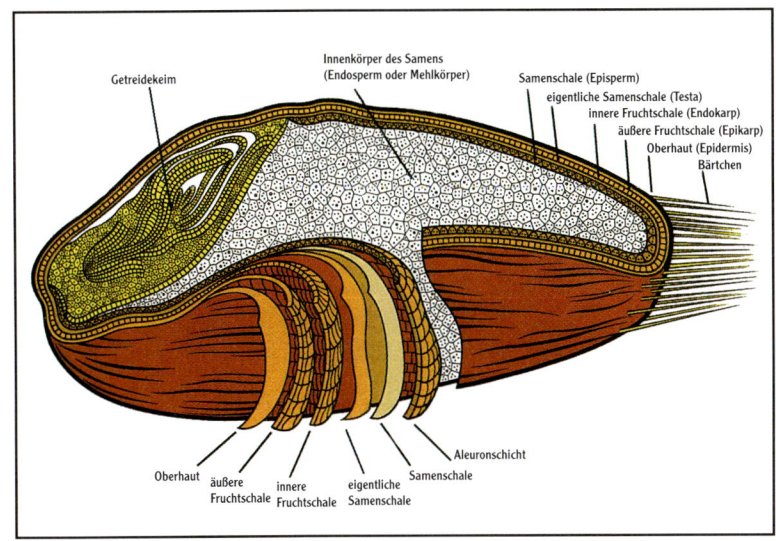

Getreidekeim

Innenkörper des Samens
(Endosperm oder Mehlkörper)

Samenschale (Episperm)
eigentliche Samenschale (Testa)
innere Fruchtschale (Endokarp)
äußere Fruchtschale (Epikarp)
Oberhaut (Epidermis)
Bärtchen

Oberhaut   äußere   innere   eigentliche   Samenschale
          Fruchtschale Fruchtschale Samenschale
Aleuronschicht

Ein Getreidekorn im Längsschnitt – nur Vollkornschrote enthalten übrigens das ganze Korn.

Der Mehleinkauf

▶ Lebensmittelläden – In den Lebensmittelläden, zumal in größeren Kettenläden, und in den Lebensmittelabteilungen der Kaufhäuser gibt es heute zum Teil ein sehr reichhaltiges, differenziertes Mehlangebot. Außer dem üblichen Auszugsmehl (Type 405), auf das sich das Mehlangebot noch vor einigen Jahren beschränkte, findet man meist noch ein höher ausgemahlenes Mehl oder Schrot von Weizen, Dinkel und Roggen.

▶ Mühlenläden – Wer auf dem Land lebt, versucht am besten, größere Mehl- oder Kornmengen direkt in der Mühle zu kaufen. Seit einiger Zeit bemühen sich nämlich viele Mühlen, ihre Produkte in eigenen Mühlenläden anzubieten. Hier findet man ein reichhaltiges Getreidesortiment mit allen erdenklichen Mahlerzeugnissen (auch Produkte, die nicht aus der eigenen Mühle stammen). Wo solche Läden zu finden sind, erfährt man am besten über das örtliche Branchenverzeichnis des Telefonbuches (Stichwort »Mühlenbetriebe«) oder bei der Müllervereinigung des jeweiligen Bundeslandes. Ein weiterer Vorteil dieser Läden: Sie bieten auch größere Gebinde von 2,5 bis 50 Kilogramm an.

Das Mehlangebot in den Supermärkten ist inzwischen reichhaltig. Sie können sich auch an Reformhäuser oder Mühlenläden wenden.

Wer besonders kleberstarkes Mehl verwenden möchte, sollte in einem Mühlenladen nach »Manitoba« Ausschau halten – ein nach der kanadischen Provinz Manitoba benanntes Weizenmehl der Type 550 mit einem Klebergehalt von 32 Prozent. Es genügt, damit ein normales Weizenmehl der Type 405 zu mischen (nach Belieben im Verhältnis 1:3 bis 1:1). Seine ausschließliche Verwendung ist vor allem bei maschineller Teigbearbeitung zu empfehlen. Bei »Handarbeit« wird sich herausstellen, dass der Kleber so straff ist, dass die Bearbeitung wesentlich mehr Energie erfordert als das Arbeiten mit einem Teig etwa der Type 1050. Aber seien Sie vorsichtig! Es gibt Menschen, die auf Kleber allergisch reagieren (Eiweißallergie)! Für sie gibt es im Reformhaus kleberfreies (glutenfreies) Mehl. Der Nachteil ist allerdings, dass dieses kleberfreie Mehl in den meisten Fällen weniger gute Backeigenschaften hat.

▶ Naturkostläden (Reformhäuser) – Im Übrigen wird man auf das Reformhaus zurückgreifen, wo man höher ausgemahlene Weizen-, Dinkel- und Roggenmehle sowie Schrot und jeweils das ganze Korn findet und hier meistens auch gleich mahlen lassen kann.

Für ein gutes Gelingen Ihres Brotes ist sowohl die Art als auch der Ort der Aufbewahrung Ihres Mehlvorrats von Bedeutung. Bewahren Sie Mehl vor allem nicht zu lange auf.

Aufbewahrung des Mehls

Für den Normalhaushalt wird man Mehl kaum in großen Mengen kaufen. Wenn Sie regelmäßig backen, ist es jedoch zweckmäßig, einen größeren Vorrat anzulegen. Lassen Sie dann das Mehl am besten in der Originalverpackung (Papiersack). Aber auch die altbewährte Mehltruhe tut ihre Dienste. In jedem Fall gilt: Mehl immer trocken, luftig und kühl lagern. Die Haltbarkeit von Mehlen ohne Keim beträgt einige Monate, solcher mit Keim etwas weniger, da sie infolge des Fettgehalts oxidieren und »ranzig« werden. Als Faustregel kann gelten: Verwenden Sie Mehl möglichst immer frisch (ggf. kurz vor dem Backen selbst mahlen). Allerdings hat sehr frisches Mehl weniger gute Backeigenschaften als solches, das eine Weile gelagert ist. Früher lagerte man Mehl mehrere Wochen in Jutesäcken. Dabei »reifte« es mit Hilfe des Luftsauerstoffs und erlangte so seine optimalen Backeigenschaften. Heute erreicht man dieses Ziel durch Zugabe von Askorbinsäure innerhalb von zwei Tagen.

Flüssigkeit (Zuguss)

Der Zuguss besteht in der Regel aus Wasser. »Hartes« Trinkwasser hat eine positive Wirkung auf die Teigqualität, weil die darin enthaltenen Mineralstoffe den Teig stützen. Da uns das Trinkwasser unseres Wohnortes aber keine Wahl lässt, müssen wir es nehmen, wie es ist. Wer experimentierfreudig ist, sollte es auch einmal mit Mineralwasser versuchen.

In manchen Rezepten wird Milch als Zuguss verwendet, beispielsweise für Toastbrot. Die Milch bewirkt eine feinere, fast kuchenartige Teigbeschaffenheit, die eigentlich nicht unserer Vorstellung von Brot entspricht. Aber das ist Geschmackssache.

Die Menge des Zugusses richtet sich grundsätzlich nach der Getreideart und dem Ausmahlungsgrad des Mehls (siehe S. 19f.). Die in den Rezepten angegebenen Mengen sind ungefähre Angaben, da die nötige Zugussmenge immer auch von der momentanen Beschaffenheit des Mehls abhängt. Frisches, also feuchteres Mehl braucht weniger Zuguss als ein abgelagertes.

Je weniger Hefe Sie verwenden, desto länger dauert die Teigreifezeit. Aber auch bei sehr frischer Hefe braucht der Teig mehr Ruhezeit.

Teiglockerungsmittel

Es gibt chemische Triebmittel (Backpulver, Hirschhornsalz) und biologische (Sauerteig, Hefe). Letztere sind dem Brotteig angemessen. Ihre Wirkung beruht auf gasförmigen Stoffwechselprodukten von Bakterien und Pilzen.

Hefe

Hefe wird im Handel in unterschiedlichen Formen angeboten:
▶ Bäckerhefe (Backhefe) – Lebensmittelläden bieten Bäcker- oder Backhefe an, in Würfelform abgepackt (Presshefe). Die Menge von 42 Gramm ist (je nach Rezept) für eine Mehlmenge von 500 Gramm bis ein Kilogramm ausreichend. Die in dieser Form angebotene Hefe enthält manchmal allerdings relativ viel Wasser und im Verhältnis dazu weniger Hefezellen, so dass die in alten Rezepten angegebenen Hefemengen (meist 40 Gramm Hefe auf ein Kilogramm

Mehl) oft nicht ausreichen. Bei sehr frischer Hefe darf man ohne weiteres die doppelte Hefemenge nehmen, oder man verlängert die Reifezeit des Teiges, damit die Hefezellen Zeit haben, sich zu vermehren.

▶ Pfundhefe – Eine Handelsform der Presshefe, die in 0,5- oder 2,5-Kilogramm-Packungen angeboten wird. Sie ist der Würfelhefe in jedem Fall vorzuziehen. Mögliche Bezugsquellen sind: ein Bäcker oder ein Tante-Emma-Laden. Diese Hefe besitzt die optimalen Eigenschaften einer Kulturhefe: Sie hat den richtigen Feuchtigkeitsgehalt und bricht muschelartig, lässt sich also gut zerbröckeln, während die Würfelhefe zwischen den Fingern schmiert. Aufgrund ihres geringeren Wassergehalts enthält sie mehr aktive Hefezellen und ist daher entsprechend effizienter.

Den leicht bitteren Geschmack verdankt die Bierhefe dem Hopfen. Zum Brotbacken eignet sich allerdings nur obergärige Bierhefe.

▶ Bierhefe – Für die Teiglockerung ist nur die obergärige Bierhefe brauchbar. (Obergärige Biere sind zum Beispiel Weißbier und Altbier.) Die untergärige Bierhefe enthält Enzyme, die den Kleber abbauen und damit die Backfähigkeit des Teiges herabsetzen. Von »obergärig« spricht man, wenn die Hefe nach Beendigung ihrer Gärtätigkeit an die Oberfläche des Sudes steigt, von »untergärig« bei jenem Hefetyp, der auf den Boden des Sudkessels sinkt. Will man einen Backversuch mit Bierhefe starten, muss man sich an den Braumeister einer Brauerei wenden, die auch obergäriges Bier herstellt. Den leicht bitteren Geschmack des fertigen Brotes mag manch einer besonders apart finden.

▶ Trockenhefe – Eine dehydrierte Kulturhefe, die in Reformhäusern und Lebensmittelläden erhältlich ist. Durch Auflösen in Wasser werden die Hefezellen wieder aktiviert. In Laborversuchen hat man festgestellt, dass bei der Wasserzufuhr ein (mitunter erheblicher) Teil der Hefezellen abstirbt – eine Beobachtung, die man sich noch nicht befriedigend erklären kann.

▶ Instanthefe – Eine mit einem Emulgator präparierte Trockenhefe, die die Bereitung eines Vorteiges überflüssig macht. Das bedeutet eine Zeitersparnis von etwa einer halben Stunde. Allerdings werden sich Befürworter reiner Natur wohl an dem zugesetzten Emulgator stören. Elf Gramm Instanthefe entsprechen einem Würfel Presshefe (42 Gramm).

Hefe, ein lebendiger Organismus

Die zum Backen verwendete Kulturhefe gehört zu den Sprosspilzen. Der Name erklärt sich aus der Art der Vermehrung der Hefezellen: Die Mutterzelle treibt einen Spross, der, wenn er deren Größe erreicht hat, sich von ihr abtrennt oder in einem losem Verbund mit ihr bleibt. Hefen brauchen – wie alle anderen Organismen auch – Nährstoffe, Mineralstoffe und Vitamine, um wachsen und sich vermehren zu können. Diese Stoffe finden sie in den Mahlprodukten des Getreides. Glukose ist dabei ihr wichtigster Nährstoff. Um die Nähr- und Wirkstoffe überhaupt aufnehmen und sich vermehren zu können, benötigen Hefen ein wässriges Milieu, für die Energiegewinnung vor allem Sauerstoff. Ist kein Sauerstoff vorhanden, fungiert die Gärung der Hefe, bei der Alkohol entsteht (daher: »alkoholische Gärung«), als Energiequelle.

Hefe ist eiweißreich und enthält beachtliche Mengen an Vitaminen der B-Gruppe (Thiamin, Riboflavin, Panthotensäure, Niacin, Folsäure) sowie Biotin und Pyridoxin. Schon im Hinblick auf die Inhaltsstoffe ist also das biologische Produkt Hefe einem chemischen Lockerungsmittel vorzuziehen. Wie sich Hefe geschmacklich auswirkt, wird auf Seite 26 erläutert.

Aufbewahren von Hefe

Frische Hefe ist bei weitem nicht so empfindlich, wie manche Hausfrau befürchtet. Man kann sie zerkrümelt an der Luft trocknen lassen, in einer Tüte aufbewahren und bei Bedarf in Wasser auflösen. Hefe verträgt aber auch Kälte ausgezeichnet. Im Kühlschrank bei Temperaturen zwischen zwei und sechs °C bleibt sie etwa vier Wochen funktionsfähig. Selbst Tiefgefrieren kann die Hefe nicht umbringen. Dabei zerstören zwar Eiskristalle die Zellwände, und ein Teil der Hefezellen kann absterben, erhalten bleiben jedoch die für die Gärung nötigen Enzyme. Nach dem Auftauen erscheint die Hefe fast flüssig, da der Zellinhalt aufgrund der zerstörten Zellwände ausläuft. Es ist aber ratsam, aufgetaute Hefe sofort zu verbrauchen und die Menge zu verdoppeln.

Tipp

Lassen Sie die Hefe möglichst langsam im Kühlschrank auftauen.

Frische Hefe lässt sich zur Aufbewahrung sowohl trocknen als auch kühl lagern oder einfrieren. Aufgetaute Hefe sollten Sie aber möglichst sofort verbrauchen.

Für welche Teige ist Hefe geeignet?

Hefe ist das angemessene Teiglockerungsmittel für alle Teige aus Weizenmehl niedriger Ausmahlungstypen. Für Weizenmehle höherer Ausmahlungsgrade ist eine ausschließliche oder zusätzliche Teigsäuerung unbedingt erforderlich, wenn man im Rahmen einer gesunden Ernährung den Nährwert des Vollkorns in vollem Umfang seinem Körper verfügbar machen will.

Wie wirkt Hefe?

Hefe setzt eine alkoholische Gärung in Gang. Die Zugabe von Zucker beschleunigt diesen Vorgang, durch Salz wird er gehemmt.

Die Wirkung von Hefe im Teig ist genau dieselbe wie bei der Bierherstellung: Sie setzt die Gärung in Gang. Hefen sorgen mit ihren Stoffwechselprodukten Kohlenstoffdioxid und Alkoholdampf für eine lebhafte Volumenbildung: Der Teig »geht auf«. Der Alkoholdampf ist außerdem für das Aroma des Teiges mitverantwortlich. Damit sich dieses Aroma aber richtig entfalten kann, braucht der Teig Ruhe. Noch dem fertigen Gebäck lässt sich deutlich anmerken, ob der Teig vor dem Backen eine ausreichend lange Reifezeit hinter sich hatte oder nicht. Viele gekaufte Brötchen geben eindeutig zu erkennen, dass sie vollkommen lieblos und im Eiltempo gebacken wurden: Sie schmecken nach nichts!

Frische Hefe ist übrigens hell ockerfarben, hat einen angenehm obstartigen Geruch und einen muschelartigen Bruch. Alte Hefe ist braungrau, riecht dumpf und krümelt.

Alkoholische Gärung durch Hefe

Die Hefen bilden eine große Familie einzelliger Pilze, deren Enzyme unter bestimmten Voraussetzungen die alkoholische Gärung in Gang setzen, indem sie Einfachzucker (Glukose) in (gasförmiges) Kohlenstoffdioxid und Alkohol spalten. Um zu wachsen und sich zu vermehren, braucht die Hefe zum einen Nährstoffe, Mineralstoffe und Vitamine, die sich von Natur aus in Mehl und Schrot finden, zum anderen Feuchtigkeit. Bis um die Mitte des vorigen Jahrhunderts verwendete man – wenn nicht Sauerteig – Bierhefe zum Backen. Seitdem züchtet man Hefe zu Bäckereizwecken auf bestimmten Nährböden, heute fast immer auf Melasse, die bei der Zuckergewinnung anfällt.

Sauerteig

Sauerteig entsteht ganz automatisch immer dann, wenn man einen Brei aus Mehl und Wasser mehrere Stunden im Warmen stehen lässt. Die einsetzende Teigsäuerung wird durch verschiedene Bakterien ausgelöst, die bereits im Korn enthalten sind, aber auch durch solche, die sich aus der Luft hinzugesellen.

Der für die Teigsäuerung und Teiglockerung ideale Sauerteig wird traditioneller Weise in mehreren Stufen »herangeführt«, meist sind es drei (siehe S. 64f.).

Zu Ihrer Beruhigung: Das Heranführen eines brauchbaren Sauerteiges ist weit weniger zeitaufwendig, als Sie vielleicht meinen könnten. Die reine Arbeitszeit beträgt insgesamt weniger als fünf Minuten! Es kommt lediglich auf die richtige Zeitplanung an.

Dieselben Bakterien, die Weißkraut zu Sauerkraut werden lassen, säuern auch den Teig. Sie sind im Getreidekorn bereits angesiedelt. Zum Ansetzen von Sauerteig eignet sich besonders Vollkornmehl.

Wie wirkt Sauerteig?

▶ Roggenmehl wird durch die Verwendung von Sauerteig überhaupt erst backfähig.

▶ Die Sauerteighefen entwickeln durch Gärung und Atmung das für die Teiglockerung nötige Kohlenstoffdioxidgas.

▶ Infolge der vergleichsweise langen Verquellungszeiten von Sauerteig hält sich das fertige Brot erheblich länger frisch (Verzögerung der Entquellung).

▶ Die Stoffwechselprodukte der im Sauerteig befindlichen Mikroorganismen haben eine konservierende Wirkung und helfen daher dabei, den Schimmelbefall des fertigen Brotes zu verhindern.

▶ Sauerteig bildet Geschmacksstoffe und Aromavorläufer, die das Aroma während des Backprozesses zu seiner vollen Entfaltung bringen. Eine überaus wichtige Komponente dabei ist der durch die Stoffwechselprozesse (der Sauerteighefen) entstehende Alkohol.

▶ Das Getreidekorn beschert uns – konzentriert in den Randschichten – neben den wertvollen Stoffen auch Störenfriede, die die Aufnahme wichtiger Bestandteile behindern. Phytinsäure beispielsweise enthält schwer lösliches Kalziumsalz, wodurch die Resorption des Kalziums im Darm herabgesetzt wird. Eine Eigenschaft des Sauerteiges ist es, die Phytinsäure schadlos zu machen.

▶ Fertigsauer – Der im Handel erhältliche Fertigsauer ist gut als Ausgangsprodukt für den Sauerteig geeignet. Er erspart jedoch nicht die lange Sauerteigführung, wenn man die auf S. 27 beschriebene Wirkung von Sauerteig erzielen will, auch wenn die Rezeptvorschläge auf der Packung nicht darauf eingehen (siehe unten).

▶ Sauerteigextrakt – Dieses im Handel angebotene Produkt ist ein dreistufig geführter Sauerteig, der am Ende seiner Reifephase getrocknet wurde. Er dient aber ausschließlich der Teigsäuerung. Wenn man ein reines Sauerteigbrot (ohne Zusatz von Bäckerhefe) backen will, wird einem auch hier eine Führung des Hauptteiges über längere Zeit nicht erspart bleiben.

▶ Backferment – Dieses ebenfalls im Handel erhältliche Produkt ist ein Sauerteig, der aus Weizen, Wasser, Honig und Erbsmehl in Granulatform besteht. Es sollte möglichst in einer zweistufigen Führung wieder aktiviert werden.

Zur Herstellung bzw. zum »Heranführen« von Sauerteig stehen Ihnen verschiedene im Handel erhältliche Produkte zur Verfügung: der so genannte Fertigsauer, der Sauerteigextrakt oder das Backferment.

Was passiert im Sauerteig?

Die Methode der Sauerteigführung ist sinnvoll. Während der langen Teigführung – in der »klassischen« Form dauert diese mehr als 20 Stunden – vollziehen sich in der Mikrofauna und -flora des Teiges dramatische Veränderungen.

Zunächst vergären die verschiedensten Bakterien die Kohlenhydrate des Mehls (spontane Gärung). Dabei bilden sich unter anderem Essigsäure, Buttersäure, Milchsäure, Kohlenstoffdioxid und Wasserstoffgas. Der Teig riecht daher nicht unbedingt appetitlich.

Nun ist es an der Zeit einzugreifen: Man frischt jetzt den gesäuerten Teig an und wiederholt diesen Vorgang noch mindestens einmal (siehe S. 64, 90). In dieser Phase gewinnen die Milchsäurebakterien und Hefen den Kampf gegen die konkurrierenden Mikroorganismen. Gärung und Gasbildung nehmen daher zu. Ohne eine ausreichend lange Abstehzeit säuert der Teig zwar, er bildet aber keine ausreichende Menge der Gase, die für die Teiglockerung notwendig sind. Für diese Gase sind die Hefen verantwortlich, und diese entwickeln sich erst nach dem Anfrischen des Teiges. Diese Sauerteighefen haben eine sehr große Triebkraft und entfalten daher ein viel volleres Aroma als die Bäckerhefe (siehe S. 26).

Hefe im Vergleich zum »Sauer«

Hefe verursacht eine wesentlich stürmischere und ergiebigere Gasbildung als der Sauerteig. Daher ist Hefe ein angemessenes Lockerungsmittel für Weizenteige, der Sauerteig für Roggenteige. Ein Roggenteig kann wegen des mangelnden Klebers der stürmischen Hefegärung nicht standhalten.

Man kann durchaus beide Lockerungsmittel miteinander kombinieren und so die positiven Eigenschaften beider nutzen: die kräftige Volumenbildung durch die Verwendung von Hefe sowie das feine, säuerliche Aroma des Sauerteiges.

Kochsalz

Kochsalz, chemisch Natriumchlorid (NaCl), ist ein wichtiger Natriumlieferant für unseren Körper. Ein Zuviel an Kochsalz kann jedoch blutdrucksteigernd wirken. Als obere vertretbare Grenze nimmt man für die tägliche Ration acht Gramm Kochsalz an. Brot sollte, auf die Mehlmenge bezogen, nicht mehr als 1,8 Prozent Salz in besonders feiner Körnung, da sich dies leichter auflöst, enthalten.

Im Brotteig erfüllt Kochsalz einige wichtige Aufgaben: Zum einen dient es der Würze. Dabei kommt nicht nur der Eigengeschmack des Salzes zum Tragen, sondern auch seine Fähigkeit, andere Aromastoffe zu intensivieren. Zum anderen hat es wichtige technologische Aufgaben. Schon in einer Konzentration von 0,5 Prozent fördert es nämlich die Teigbildung, indem es die Quellfähigkeit der Mehleiweißstoffe erheblich erhöht. Ein Roggenbrot ohne Zugabe von Salz misslingt (der Teig bleibt sitzen).

Außerdem trägt es zur Regulierung der Gärungsvorgänge bei. Während des Backvorgangs fördert Salz im Übrigen die Bräunung des Gebäcks.

Anmerkung

Kochsalz wird entweder durch den bergmännischen Abbau in Stollen (»Steinsalz«) gewonnen, durch Auslaugung von Salzgestein (»Siedesalz«) oder durch Verdunstung von Meerwasser in so genannten Salzgärten (»Meersalz«).

Unser Körper benötigt einige lebenswichtige Mineral- und Nährstoffe. Kochsalz z. B. liefert Natrium. Beim Brotbacken ist es ein wichtiges Würzmittel und unterstützt die Teigbildung.

Die Brotgewürze

In vielen Gegenden wurde das Brot auf traditionelle Weise, mit ganz bestimmten Zutaten, gewürzt, vor allem dort, wo Vollkorn verbacken wurde. Gewürze haben zum einen eine digestive Wirkung, indem sie den Blähungen, die insbesondere frisches Vollkornbrot verursachen kann, entgegenwirken. Zum anderen tragen sie nicht unerheblich zum Wohlgeschmack bei. Gewürze werden entweder zerkleinert oder gemahlen mit dem Brotteig vermengt oder unzerkleinert auf die Oberfläche des Teiglings gestreut. Die meistverwendeten Brotgewürze, in Reihenfolge ihrer Popularität, sind die folgenden:

Kümmel (*Carum carvi*) Dieser Doldenblütler ist in den südöstlichen Mittelmeerländern beheimatet und ist heute – kultiviert und verwildert – in ganz Europa anzutreffen. Großflächig wird er vor allem in Holland angebaut. Als Brotgewürz wird er insbesondere in Süddeutschland, Österreich und Tschechien verwendet, früher würzte man damit auch in Ost- und Westpreußen sowie in Schlesien. Die Früchte enthalten ätherische Öle, Gerbstoffe und Öl, das in der Heilkunde Verwendung findet. Kümmel diente schon in der Steinzeit als Gewürz. Im Mittelalter verwendete man das Kraut der Pflanze gegen Magen- und Darmbeschwerden. Die Benediktinerin Hildegard von Bingen erwähnt den Kümmel außerdem als Käsegewürz (so wird Sauermilchkäse auch heute noch gewürzt) und schreibt ihm eine den Verstand klärende Wirkung zu.

Koriander (*Coriandrum sativum*) Auch der Koriander ist ein Doldenblütler. Er stammt wohl aus dem östlichen Mittelmeergebiet, Kleinasien oder Nordafrika. Nach Mitteleuropa kam er vermutlich durch die Römer. Früher gehörte Koriander in jeden oberbayerischen Bauerngarten. Heute wird er in fast ganz Europa angebaut, besonders im Mittelmeerraum, aber auch in Nord- und Südamerika. Die kugelförmigen Früchte, die früher wesentlich vielseitiger verwendet wurden, dienen mittlerweile fast ausschließlich als Brotgewürz, vor allem in Süddeutschland (»Brotkügerl«). Koriander ist auch eine der vielen Komponenten des Curry.

Im Mittelalter schrieb man den Gewürzen eine Krankheiten abwehrende Wirkung zu. Schon Hildegard von Bingen wusste um deren positive Auswirkung auf Körper und Geist.

Fenchel *(Foeniculum vulgare)* Blätter und Samen dieses Doldenblütlers dienten schon im Altertum als Gewürz und Heilmittel. Im Norden haben ihn Mönche heimisch gemacht. Heute wird er in den GUS-Staaten, in Osteuropa, Italien und Deutschland feldmäßig angebaut. Die Ernte erfolgt traditionell von Hand. Die reifen Dolden werden abgeschnitten, die Früchte mit einem eisernen Kamm abgestreift. Dieser »Kammfenchel« ist der qualitativ hochwertigste. Die zuletzt gereiften Früchte werden mit der ganzen Pflanze geerntet und dann ausgedroschen (= »Strohfenchel« von geringerem Handelswert). Fenchelsamen wird mit kochendem Wasser überbrüht für Tee verwendet und als Brotgewürz, besonders in Süddeutschland und Österreich (nicht in Südwestdeutschland) verwendet. Die Samen enthalten die ätherischen Öle Anethol und Fenchon, aus denen »Fenchelwasser« hergestellt wird, das Augenentzündungen lindert. Schon im Mittelalter galt Fenchel als Mittel gegen »schlechte« Augen.

Anis *(Pimpinella anisum)* Der wohl aus dem östlichen Mittelmeerraum und Kleinasien stammende Doldenblütler diente schon im Altertum als Arznei- und Gewürzpflanze. Heute kommt die Pflanze kultiviert und verwildert in ganz Mitteleuropa, aber auch in Ostasien und Mittelamerika vor. Der Samen mit seinem etwas süßlichen Aroma wird

Fenchel wird mit seinem zarten, aber sehr aromatischen Geschmack nicht nur als Tee aufgebrüht, sondern gilt auch als eines der ältesten Brotbackgewürze.

Piment, Anis, Kümmel, Fenchel, Sesam, Muskat, Mohn und Zimt sind einige der Gewürze, die Ihrem Brot eine besondere geschmackliche Note verleihen.

vor allem zum Würzen von Lebkuchen verwendet, aber auch als Brotgewürz, vorwiegend in Süddeutschland, Österreich und Südtirol; früher auch in Ost- und Westpreußen.

Dill (*Anethum graveolens*) Ein im Orient beheimateter Doldenblütler. War schon im alten Ägypten, in Palästina, Griechenland und Rom als Heil- und Gewürzpflanze bekannt. Er kam vermutlich durch die Römer nach Mitteleuropa. Als Gewürz dient sowohl das frische Kraut als auch der Samen, der geschmacklich dem Kümmel ähnelt. In Ost- und Westpreußen wurde Dillsamen als Brotgewürz verwendet. Heute sieht man im Dill fast ausschließlich eine Gewürzpflanze. Man sollte sich aber auch seiner medizinischen Wirkung erinnern. Die Blättchen enthalten ätherische Öle, die Samen Öl und Eiweiße. Dill wirkt appetitanregend und hilft gegen Blähungen.

Die Samen und Blättchen der Brotbackgewürze enthalten ätherische Öle, die sich nicht nur auf den Geschmack des Brotes auswirken, sondern auch in medizinischer Anwendung wirksam sind.

Blauer Bockshornklee (*Trigonella coerulea*) Volkstümlich »Schabziegerklee«, »Brotklee«. Schmetterlingsblütler. Kommt im Mittelmeergebiet und in Südosteuropa vor, zum Teil verwildert. Das getrocknete, gemahlene Kraut dient als Gewürz für den Schweizer Schabzieger (grüner Kräuterkäse). In Tirol (Nord- wie Südtirol) verwendet man die ganze Pflanze (ohne Stängel gerebelt) als Brotgewürz, in Oberbayern werden die reifen Früchte abgeschnitten und deren Samen in den Brotteig gemengt. Bockshornklee ist eine der vielen Komponenten des Curry. Das Aroma erinnert an Liebstöckel (»Maggipflanze«).

Mohn (*Papaver somniferum*) Die Heimat dieses Kreuzblütlers ist vermutlich Vorderasien. Wird vor allem in Mitteleuropa, Kleinasien, Vorderindien und Mazedonien angebaut. Der aus den unreifen Kapseln gewonnene Milchsaft liefert den Stoff für die Opiumgewinnung. Die Samen werden in der Bäckerei verwendet, seltener jedoch als Brotgewürz (Fränkische Schweiz).

Sesam (*Sesamum indicum*) Sesam stammt vermutlich aus dem tropischen Afrika. Die stark ölhaltigen Samen werden vor allem im östlichen Mittelmeerraum als Brotgewürz verwendet.

Piment (*Pimenta officinalis*) Volkstümlich Nelkenpfeffer, Neugewürz, Englisches Gewürz, runde Kardamomen. Ein Myrtengewächs, dessen Heimat Zentralamerika ist. Die völlig ausgereiften Früchte verlieren schnell an Aroma. Daher werden sie noch grün gesammelt und dann an der Sonne oder bei künstlicher Wärme getrocknet. Ein vielseitig verwendbares Küchengewürz. Als Brotgewürz ist es jedoch nur sporadisch (im oberbayerischen Raum) bekannt.

Kardamom (*Elettaria cardamomum*) Kapselfrüchte eines im südwestlichen Vorderasien beheimateten Ingwergewächses. Die staudigen Pflanzen werden heute vor allem auf Sri Lanka und Java angebaut. In den Handel kommt ausschließlich der Samen, entweder in der Schale oder ausgelöst. In Indien dient er als Volksarznei. Aus den Samen gewinnt man auch ein hellgelbes, duftendes ätherisches Öl, das bei der Likörherstellung und in der Parfümerie Verwendung findet. Als Gewürz ist Kardamom charakteristisch für die pakistanische Küche, bei uns ist er ein beliebtes Lebkuchengewürz. Als Brotgewürz hatte er nur regional Bedeutung, z. B. im Egerland (heutiges Tschechien).

Muskatnuss (*Myristica fragrans*) Muskatnussgewächs der feuchtwarmen Tropengebiete. Heute auf den Molukken, in Westindien und Südafrika angebaut. Als Gewürz dienen die Samenkerne, die »Muskatnüsse«. Die beste Qualität haben die Banda-Muskatnüsse, ferner die Penang- und Singapore-Muskatnüsse. Die geriebene Muskatnuss ist ein vielseitiges Küchengewürz (nur in ganz kleinen Mengen zu verwenden!), aber seltener als Brotgewürz anzutreffen (zusammen mit Zimt vereinzelt in Oberbayern).

Zimt (*Cinnamomum ceylanicum*), volkstümlich auch Kaneel. Der immergrüne Baum ist auf Sri Lanka beheimatet, wo er auch kultiviert wird, ebenso auf Java und in Brasilien. Als Gewürz dienen deren dicht ineinander geschobenen Rindenröhren, die splittrig brechen. Zimt ist vor allem ein Gewürz für Süßspeisen und auch für Früchtebrote (z. B. Kletzenbrot in Süddeutschland).

Gewürznelke (*Syzygium aromaticum*) Ein auf den Molukken und den südlichen Philippinen beheimatetes Myrtengewächs, angebaut u. a. in Madagaskar, Sansibar, an der ostafrikanischen Küste und auf den Molukken. Kurz vor dem Aufblühen werden die Blütenknospen gesammelt und getrocknet. Die Gewürznelke, eines der ältesten bekannten Gewürze, findet in der Parfüm- und Likörherstellung und nicht zuletzt als Küchengewürz Verwendung. Als Brotgewürz wird es meist zusammen mit Zimt als Würze für Früchtebrot verwendet.

In vielen Kulturen gelten gerade die vielsamigen Gewürze als Fruchtbarkeitssymbole und finden nicht zuletzt aus diesem Grund eine sehr häufige Verwendung.

Das Teigeinrühren und Teigbearbeiten

Auch hinsichtlich dieser eigentlichen »Arbeit« des Brotbackens unterscheiden sich Weizen- und Roggenteig wesentlich (siehe unten). Grundsätzlich verstehen wir unter Teigbearbeiten zum einen das Kneten bzw. Abschlagen des Teiges und zum anderen das Formen und Weiterbearbeiten desselben zu ofenfertigen »Teiglingen«.

Weizenteig und Roggenteig im Vergleich

Weizen- und Roggenteig haben zwei ausgeprägte und völlig verschiedene Charaktere, die bei der Teigbearbeitung zwei entsprechend unterschiedliche Vorgehensweisen verlangen.

Während Weizenteig nach richtiger Bearbeitung (siehe S. 47ff.) dank seines Klebergehalts einen elastischen, kohärenten Ballen bildet, der wie von einem unsichtbaren Gummibandgerüst durchzogen ist, hat Roggenteig die Beschaffenheit einer Paste, die sich nur schwer vom Schüsselrand löst. Das Fehlen des Klebers und der Gehalt an Schleimstoffen (Gummistoffen) im Roggen bewirken die für den Roggenteig charakteristischen Eigenschaften. Es ist auch der Grund dafür, dass als Teiglockerungsmittel bei Roggenteig Sauerteig verwendet wird, während bei Weizenteig Hefe zur Verwendung kommt. Darüber erfahren Sie mehr in den Abschnitten über die Teiglockerungsmittel. Die besseren Backeigenschaften in Weizenteigen haben Mehle niedriger Ausmahlungsgrade, da sie mehr Kleber enthalten. Der Teig wird lockerer und geht beim Backen besser auf. Den höheren Nährwert dagegen haben Mehle aus dem ganzen Korn – vorausgesetzt, man wendet das richtige Verfahren der Teigbereitung an (siehe S. 66ff.). Um die guten Eigenschaften der verschiedenen Mehlarten gleichzeitig zu nutzen, verwendet man Mischmehle. Als ideal gilt im Allgemeinen eine Mischung aus Weizenmehl der Type 1050 und Roggenmehl der Type 997.

Grundsätzlich müssen alle Geräte und Zutaten, die Sie bei der Teigbearbeitung verwenden, warm sein, ganz besonders beim Umgang mit Sauerteig. Die ideale Sauerteigtemperatur liegt bei 30 °C. Über die Einwirkung der Temperatur auf die Hefe können Sie auf S. 47 nachlesen.

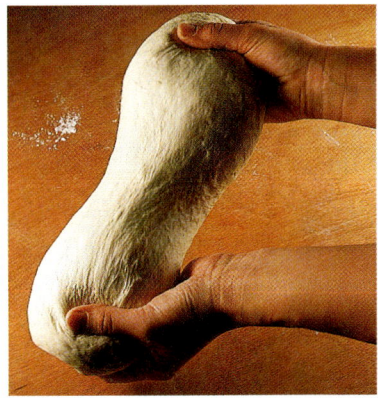 

Aufgrund seines Klebergehalts ist Weizenteig sehr elastisch.

Roggenteig erinnert an eine zähe, klebrige Paste.

Das Mehl wird gesiebt, damit genügend Luft zwischen den Mehlpartikelchen vorhanden ist. Zur Not kann es auch mit dem Schneebesen durchgerührt werden.

Die althergebrachte Art, die flüssigen Zutaten in eine Mulde in der Mitte des Mehls zu gießen und von da aus die Flüssigkeit mit dem Mehl zu vermengen, ist sehr sinnvoll. Eine andere Möglichkeit ist, etwas von dem Mehl wegzunehmen und zuerst einen flüssigeren Teig herzustellen, weil sich so die Zutaten besser vermischen, und nach und nach die restliche Mehlmenge einzuarbeiten.

Das Kneten

Die eigentliche Teigbearbeitung geschieht in der Hausbäckerei im bäuerlichen Haushalt bis heute von Hand. Bei den großen Mehlmengen ist das Kneten natürlich harte Arbeit. Bei kleineren Mengen ist es allerdings gut durchführbar. Eine andere brauchbare Methode ist, den Teig mit dem Kochlöffel »abzuschlagen« (Weizenhefeteig) oder gut durchzuarbeiten (Roggenteig).

Es ist ratsam, bei Weizenhefeteig mit der Teigbearbeitung nicht sofort nach dem Einrühren zu beginnen, sondern erst nach einigen Minuten, wenn die Stärketeilchen und der Kleber gequollen sind.

Kneten trainiert auch die Armmuskulatur. Je länger und kräftiger Sie also kneten, desto besser nicht nur für den Teig!

Bei Weizenhefeteigen erfährt der Teig während des Knetens oder Abschlagens eine merkliche Veränderung. Er wird elastischer, die Oberfläche glatter, es bilden sich Blasen, und schließlich beginnt der Teig sich von der Schüsselwand zu lösen. Je länger und energischer man den Teig bearbeitet, desto besser. Die Gewohnheit italienischer Pizzabäcker, den Teig in die Luft zu werfen und auf die Arbeitsfläche knallen zu lassen, ist kein Ulk zur Unterhaltung von Touristen, sondern hat einen technologischen Effekt.

Formen und backen Sie niemals einen Teig, wenn er noch nicht aufgegangen ist! Die in den Rezepten angegebene Ruhezeit ist nur als ein ungefährer Richtwert zu betrachten.

Ganz besonders wichtig ist, den Teig immer erst dann weiterzuverarbeiten, wenn er ausreichend gegangen ist. Das kann durchaus länger dauern als in den Rezepten angegeben. Zu viele Faktoren sind an der Reifung des Teiges beteiligt, und mit Sicherheit lässt sich nicht voraussagen, wie schnell und effizient die Mikroorganismen arbeiten. Will ein Brotteig mit reinem Sauerteig nicht aufgehen (vielleicht, weil es an der nötigen Wärme fehlt), so ist jedoch noch nichts verdorben. Auch im Nachhinein kann man immer etwas in lauwarmem Wasser aufgelöste Hefe sowie etwas Mehl unter den Teig mengen und diesen noch eine Weile aufgehen lassen.

Das Formen und Bearbeiten der Teiglinge

1 Das Ausformen des Teiges zu Teiglingen geschieht grundsätzlich auf bemehlter Arbeitsfläche, und man bemehlt auch die Hände, wenn es nötig ist. In manchen mediterranen Gegenden ölt man die Handflächen etwas ein, ebenso die Schüsselwand, bevor man den Teig zur Teigruhe hineinlegt. Auch das verhindert das Ankleben des Teiges. Man muss aber bedenken, dass schon eine geringe Menge von Fettstoff die Teigqualität (wenn auch geringfügig) verändert.

2 Soll der Teig portioniert werden, etwa für Brötchen, bestreut man ihn mit Mehl und trennt die Teigteile mit einem großen Löffel oder einem scharfen Messer ab.

3 Die fertigen Teiglinge legt man entweder auf die bemehlte Arbeitsfläche oder direkt auf das bemehlte (oder geölte) Backblech zur »Stückgare«. Vor dem Einschießen werden sie mit warmem Wasser abgestrichen, damit die Oberfläche nicht vorzeitig trocknet und sich

1 Bemehlen Sie zunächst die Arbeitsfläche und auch Ihre Hände.

2 Portionieren Sie den Teig entsprechend der benötigten Größe und Stückzahl der Teiglinge.

3 Legen Sie die fertigen Teiglinge auf das bemehlte Backblech.

5 Für eine glänzende Kruste bestreichen Sie die Teiglinge kurz vor Ende der Backzeit mit Wasser.

die Poren nicht schließen, bevor der Teig in der Ofenhitze noch einmal aufgehen konnte (»Ofentrieb«).

4 Will man die Teiglinge mit Gewürzen bestreuen, kann man folgendermaßen verhindern, dass diese nach dem Backprozess abfallen: Man rührt etwas Speisestärke in Wasser an, kocht sie kurz auf (bis die Flüssigkeit glasig ist) und streicht die Teiglinge damit ab, bevor man das Gewürz darauf streut.

5 Legt man Wert auf eine glänzende Kruste, bestreicht man das Brot etwa fünf Minuten vor Beendigung der Backzeit mit kaltem Wasser. Für eine glänzende Kruste ist Speisestärke, angewendet wie oben beschrieben, sogar noch effizienter.

6 Manche Teiglinge, wie beispielsweise die für Baguettes, werden eingeschnitten. Man führt hierfür am Ende der Stückgare mit einem scharfen Messer mit breiter Klinge einen schrägen, möglichst flachen Schnitt durch.

Tipp

Als eine generelle Faustregel kann gelten: Weizenhefeteig aus hellem Mehl (niedriger Ausmahlungsgrad) sollte nach der Teigruhe etwa das Doppelte des Ausgangsvolumens haben, solcher aus dunklem Weizenmehl etwas weniger. Roggenteige mit Sauerteig dagegen nehmen lediglich um etwa ein Viertel bis ein Drittel ihres ursprünglichen Volumens zu.

Jeder Brotteig eignet sich für das Ausbacken in Fett. Im heißen Fett geht er besonders gut auf und ist zudem sehr schmackhaft (Rezepte für Fettgebackenes ab S. 85ff.).

Die Vorgänge im Teig

Bei der Teigbereitung nehmen wir naturgemäß nur die für uns offensichtlichen Eigenschaften und Ereignisse wahr; wir sehen und spüren, wie der Teig beim Abschlagen oder Kneten elastisch wird, wir beobachten, wie er während der Teigruhe »aufgeht«, also an Volumen gewinnt, und unsere Nase schnuppert das Aroma, das sich allmählich entwickelt. Während dessen vollziehen sich im Teig jedoch die vielfältigsten physikalischen und chemischen Vorgänge. Dabei ist zwischen

Bei der Zubereitung von Teig kommt es zu den unterschiedlichsten chemischen und physikalischen Abläufen. Diese ergeben sich zum einen durch die Mischung der Zutaten, zum anderen durch das Kneten.

Weizen- und Roggenteigen zu unterscheiden. Die Teig bildenden Elemente des Weizens sind vor allem die sowohl löslichen als auch unlöslichen Eiweiße, die Stärke und zu kleinen Teilen die Quellstoffe. Im zugegossenen Wasser bilden die löslichen Eiweißstoffe (Albumine und Globuline) eine leimartige Lösung, während die unlöslichen Eiweißstoffe im Wasser quellen. Durch die mechanische Einwirkung des Knetens entsteht ein neuer Eiweißstoff: der Kleber. Dieser ist entscheidend für die Teigbildung. Beim Kneten wachsen die Moleküle des Klebereiweißes und fügen sich schließlich zu einem Riesenmolekül zusammen, das mit seiner netzartigen Struktur den ganzen Teig durchzieht und ihm als Gerüst dient.

In lauwarmem (nicht kaltem!) Wasser beginnt auch die Stärke zu quellen. Sie wird dann im Backprozeß durch die Verkleisterung die entscheidende Rolle bei der Krumen- und Krustenbildung spielen. So gering der Fettgehalt im Weizenmehl ist, so nehmen die Fettstoffe doch an der Teigbildung teil. Sie wirken wie ein Emulgator und verbessern das Gashaltevermögen.

Roggenmehl enthält zwar auch Eiweiß und Stärke, für die Teigbildung sind jedoch andere Stoffe entscheidend. Ist im Weizenteig der Kleber der eigentliche Teigbildner, so übernehmen im Roggenteig die Quellstoffe (auch Schleimstoffe, Gummistoffe oder Pentosane genannt) diese Funktion. Im Wasser des Zugusses quellen diese Stoffe und durchziehen den Teig in einer netzartigen Struktur, ähnlich dem Kleber im Weizenteig. Im Gegensatz zu diesem besitzt Roggenteig aber nur relativ wenig Elastizität; er besitzt stattdessen Plastizität und hat den Charakter einer Paste. Die Quellstoffe sind übrigens auch der Grund dafür, dass Roggenmehl mehr Wasser aufnimmt als Weizenmehl, und da die meisten Quellstoffe des Korns in dessen Randschichten enthalten sind, erfordern hochausgemahlene Roggenmehle und Schrot wiederum mehr Zuguss als Mehle niedriger Ausmahlungsgrade. Beim Backen verkleistert die Stärke zwischen 40 und 90 °C (Temperatur des Gebäcks, nicht des Backrohrs!), zwischen 60 und 70 °C gerinnt das Eiweiß. Bei 100 bis 120 °C bilden sich gelbe, bei 130 °C braune Krustenfarbstoffe, zwischen 150 und 200 °C dunkelbraune Röststoffe.

Das Teig bildende Element beim Roggenteig sind die Quellstoffe, die – um ihre Wirkung entfalten zu können – mehr Wasser als Zuguss benötigen als beispielsweise diejenigen im Weizenteig.

Der Ofen

Jeder Brat- oder Backofen eignet sich für das Brot- backen – ideal ist aber ein Steinbauofen mit Holzfeuerung.

Elektro- und Gasherd

Jedes Brat- oder Backrohr eines Elektro- oder Gasherdes ist für das Brotbacken geeignet, sofern es genügend Hitze entwickelt. Bei Ein- schaltung der höchsten Hitzestufe sollten nicht weniger als 250 °C er- reicht werden, besser 270 °C.

Die Angaben in den Rezepten beziehen sich auf das Elektrobackrohr. Die entsprechenden Stufen des Gasherdes sind:

Stufe 1 = 150 °C
Stufe 2 = 150 °C + 20 °C = 170 °C
Stufe 3 = 170 °C + 20 °C = 190 °C usw.

Wenn in den Rezepten nicht anders angegeben, wird das Brot bei gleichzeitiger Ober- und Unterhitze gebacken. Größere Laibe mit langer Backdauer werden auf der unteren Schiebeleiste gebacken, kleineres Gebäck auf der mittleren, und kurz und scharf zu backendes Kleingebäck gelingt am besten auf der oberen oder der mittleren Schiebeleiste.

Die traditionelle Brotbackmethode im Holzofen kann heut- zutage im Elektroback- ofen mit ebenfalls sehr gutem Resultat durch- geführt werden.

Verschiedene Hersteller haben sich bereits auf die Selberbackwelle eingestellt und bieten Extrazubehör für das Brotbacken an. So gibt es beispielsweise bei manchen Erzeugnissen eine separat aufheizbare, im Backrohr zu installierende Keramikplatte, die die Hitze speichert und daher sehr gute Backergebnisse erzielt. Sie ahmt das Temperaturver- halten im traditionellen, mit Holz geheizten Steinbackofen nach, in dem die Brote bei Speicherhitze mit fallender Temperatur gebacken werden. Außerdem gibt es ein völlig neues Produkt auf dem Markt: Ein Hersteller bietet einen Herd mit eigener Hefeteiggärstufe und einer Brotbackstufe an. Um weitere Informationen hierüber einzuholen, wenden Sie sich am besten an ein gut sortiertes Elektrogerätegeschäft.

Energiespartipp

Wer die Möglichkeit hat, mit Umluft zu backen, sollte das tun. Umluftherde verbrauchen weniger Energie als Herde mit Ober- und Unterhitze. Sie haben außerdem den großen Vorteil, dass man auf mehreren Etagen gleichzeitig backen kann. Auf das bei vielen anderen Speisen unnötige Vorheizen des Backrohrs, das ein zusätzlicher Energiefresser ist, kann beim Brotbacken leider nicht verzichtet werden.

Holzofen

Infolge der strengen Umweltschutzauflagen kann man einen Holzofen heute nur mehr in ländlichen Gegenden betreiben. Und auch dort muss man sich zuvor bei der zuständigen Bau- und Umweltbehörde informieren, ob dem Bau nichts im Wege steht. Backtechnisch gesehen ist der ideale Brotofen aber nach wie vor der Steinbauofen mit Holzfeuerung. Immer noch backen viele Bauern ihr tägliches Brot im Holzofen, und immer mehr Städter mit einem Hang zu alternativer Lebensweise interessieren sich dafür. Die Eigenart des Holzofens besteht zum einen darin, dass das Brennmaterial auf der Backfläche abgebrannt wird, zum anderen in der Speicherhitze mit langsam fallender Temperaturkurve aufgrund des wärmespeichernden Materials (Ziegel oder Schamotte) der Backfläche und der mit Sand, Kics und Steinen ausgefüllten Zwischenräume der Konstruktion. Die Anfangstemperatur liegt bei etwa 300 °C. Nach dem Einschießen sinkt die Temperatur zunächst rasch ab, fällt dann aber sehr langsam weiter. Noch zwei bis drei Tage nach dem Backen ist der Ofen deutlich warm. Auch diese Nachwärme wird gerne genutzt, etwa zum Dörren von Obst oder Flachs.

Es gibt eine Reihe verschiedener Holzofenarten. In manchen Gegenden, z. B. im Engadin (Schweiz), ist der Ofen unmittelbar an das Haus angebaut. Anderswo ist er in der Küche, in der Diele oder in einer Backstube zu finden. In Deutschland ist der traditionelle Backofen jedoch freistehend, also meistens ein richtiges »Backhaus«.

Das neue Emissionsgesetz gestattet den Bau von Holzöfen oder andere offene Holzfeuer nur unter bestimmten Voraussetzungen. Erkundigen Sie sich in jedem Fall bei der zuständigen Bau- und Umweltbehörde.

Notwendige Geräte für das Backen im Holzofen

▶ ein großer Topf aus Steingut mit Holzdeckel zum Anfrischen des Sauerteiges
▶ ein Backtrog aus Holz
▶ einige lange Bretter zum Absetzen der Teiglinge
▶ ein Brotschießer zum Ein- und Ausschießen der Brotlaibe
▶ ein Aschekratzer
▶ ein Ascheeimer
▶ ein Besen mit langem Stiel und ein großer Wischlappen zum Auswischen des Ofenbodens

Das Einheizen des Holzofens

Das Holzfeuer hinterlässt keine schädlichen Stoffe auf der Brotkruste, auch wenn diese wegen der langen Backzeit stellenweise fast schwarz wird.

Ein Beispiel: Für das Einheizen eines Ofens, der 20 Laibe fasst, sind zwei Scheite absolut trockenes Hartholz (Buche oder Birke) von 80 bis 90 Zentimetern Länge sowie zwölf ebenfalls trockene, kürzere Fichtenscheite oder Scheite aus einem anderen weichen Holz erforderlich. Drei Stunden vor dem Backen muss eingeheizt werden. In unserem Beispiel liegen die Scheite nicht unmittelbar auf dem Backofenboden, sondern es wird folgendermaßen verfahren: Auf den Ofenboden werden zwei Eisenstangen und auf diese zwei Hartholzplatten gelegt. Darauf werden parallel die Hartholzscheite plaziert und darüber die Fichtenscheite gestapelt. In der Nähe der Ofenöffnung wird nun mit locker zusammengeknülltem Papier und Reisig das Feuer entzündet, das sich dann nach hinten ausbreiten kann. Wenn das Holz heruntergebrannt ist, muss die Asche sorgfältig aus dem Ofen herausgekratzt und der Ofenboden mit einem nassen Lappen mehrmals sauber abgewischt werden. Mit dem Einschießen muss nun noch 30 bis 45 Minuten gewartet werden. Die Hitzeprobe geschieht, indem eine Hand voll Mehl auf den Boden des Ofens gestreut wird. Wenn das Mehl sofort dunkel wird, muss der Ofen noch etwas abkühlen. Sind die Teiglinge im Ofen, wird die Öffnung geschlossen, und das Brot bleibt zunächst etwa eine Stunde im Ofen. Dann werden die Laibe umgeschichtet und eine weitere Stunde gebacken.

Um eine angemessene Krustendicke zu bekommen, muss das Brot ausreichend lange gebacken werden. Dabei ist es unvermeidbar, dass die Kruste stellenweise sehr dunkel, fast schwarz wird.

Pizzaofen

Es gibt im Handel einen elektrisch zu heizenden Pizzaofen mit Unter- und Oberhitze – ein relativ preisgünstiges Kleingerät mit Gewölbe. Der untere Heizkörper heizt einen herausnehmbaren Steinboden, auf den die Pizza gelegt wird. An einen gelernten Ofensetzer sollte sich wenden, wer einen Pizzaholzofen vorzieht. Einen solchen Ofen kann man sowohl freistehend außerhalb des Hauses, etwa auf der Terrasse, installieren, als auch im Haus einbauen lassen. Aber auch in diesem Fall muss man sich unbedingt bei Bau- und Umweltbehörde erkundigen. Das Einheizen geschieht hierbei im Prinzip wie beim großen Holzofen, nur eben mit entsprechend kleineren Holzmengen. Übrigens braucht man das Backgut durchaus nicht nur auf Pizza zu beschränken; auch jedes andere Kleingebäck lässt sich hervorragend im Pizzaofen backen.

Pizzaöfen gibt es in verschiedenen Ausführungen. Generell eignet sich sowohl der elektrisch beheizbare als auch der Pizzaholzofen sehr gut zum Brotbacken.

Auch einen Pizzaofen können Sie zum Brotbacken zweckentfremden.

43

Die Aufbewahrung von Brot

Ein Brotkasten ist dekorativ und hält Ihr Brot lange frisch.

Am besten bewahren Sie Ihr Brot möglichst kühl und luftig auf. Hierfür gibt es die unterschiedlichsten Möglichkeiten: etwa eine Speisekammer, einen belüfteten Brotkasten oder einen tönernen Topf mit Deckel.

Da früher traditionell nur alle drei bis vier Wochen gebacken wurde (in Südtirol in vielen Fällen nur alle Vierteljahre), stellte sich dringlich die Frage nach der Aufbewahrung des Backgutes. Das Brot sollte möglichst nicht so schnell altern, nicht von Schimmel befallen werden und für Mäuse unerreichbar sein. Die Letzteren brachte man beispielsweise in Südtirol um ihre Nahrung, indem man das Fladenbrot hochkant in so genannte Brothenken stellte, die an der Decke aufgehängt waren.

Ein ideales Klima, kühl und luftig, lieferte die gute alte Speisekammer. Da diese in unseren modernen Wohnungen eine Unbekannte ist, müssen wir uns anders behelfen. Am besten eignet sich ein Tontopf mit Luftlöchern und Deckel (im Küchengeräteladen und bei manchen Ökobäckern angeboten) oder ein nicht luftdicht schließender Brotkasten. Ein Rost aus Holzlatten ermöglicht eine bessere Luftzirkulation im Brotkasten. Und lassen Sie keine Brösel im Brotbehälter liegen, denn diese fördern die Schimmelbildung. Einmal in der Woche sollte man außerdem den Brotbehälter mit Essig auswaschen, um eventuell vorhandene Schimmelpilze abzutöten. Es gibt inzwischen auch ein spezielles beschichtetes Papier, in das man das Brot einwickeln kann.

Eine sehr praktikable Methode ist, das angeschnittene Brot mit der Schnittseite auf ein Holzbrett zu stellen und im (kalten) Backrohr aufzubewahren. Auf keinen Fall sollten Sie es in eine Plastiktüte stecken, es sei denn, Sie wollen es einfrieren. Der Kühlschrank ist als Aufbewahrungsort ungeeignet, da es dort zu rasch austrocknet.

Brot lässt sich aber gut einfrieren. Verwenden Sie dazu möglichst nur ganz frisches Brot und lassen Sie es später – bei Bedarf – bei Raumtemperatur wieder auftauen. Eventuell können Sie es auch kurz aufbacken. Gerade Weißbrot eignet sich gut zum Aufbacken.

Die Brotalterung

Brot altert, indem es Feuchtigkeit verliert und sich durch chemische und physikalische Vorgänge verändert. So kommt es u.a. zu einer Rückkristallisation der Stärke.

Am schnellsten, nämlich bereits nach einem Tag, altert Hefeweizenbrot ohne Fettzusatz. Bis zu fünf Tage bleibt Toastbrot (fünf Prozent Fett) frisch. Deutlich länger frisch, in der Regel bis zu einer Woche, bleibt Weizenbrot, vor allem, wenn es mit Sauerteig gelockert ist. Am längsten, bei optimaler Aufbewahrung (siehe S. 44) mehrere Wochen, hält sich Roggenbrot mit Sauerteig.

Ist das Brot altbacken oder hart, so ist das kein Grund, es wegzuwerfen, es sei denn, es ist schimmelig oder hat bereits den typischen »Altgeschmack«. Ansonsten gibt es viele Verwertungsmöglichkeiten. Praktisch alle Kulturen haben da ihre einschlägigen Rezepte: Semmelbrösel oder -knödel (aus Weißbrot), in Milch eingeweichte Weißbrotscheiben, in Backteig getaucht und frittiert, Brotsuppen und Brotsalat wie die italienische »Panzanella« mit Sardellen, Kapern, Thunfisch und Basilikum – all dies ist nahrhaft und appetitlich.

Richtig »schlecht« wird Brot nur, wenn es schimmelt. Ansonsten gibt es zur Verwertung altbackenen Brotes viele traditionelle Rezepte.

Aus altbackenem Brot lässt sich beispielsweise eine köstliche Brotsuppe (rechts im Bild) zubereiten.

Rezepte

Wir empfehlen Ihnen, mit Hefeteigen zu beginnen und sich dann – nach einigem Üben – zur hohen Schule des Brotbackens, dem reinen Sauerteigbrot, »durchzuarbeiten«. Es ist außerdem ratsam, zunächst mit kleineren Mengen Teig zu experimentieren, auch wenn unter Fachleuten gilt: Das Brot gerät umso besser, je größer die verarbeitete Teigmenge ist. Das mag zwar auf Vollkornbrote mit Sauerteig zutreffen, aber gewiss nicht auf Kleingebäck aus Weizenhefeteig oder auf Kastenweißbrot.

Die Vielfalt an Brotsorten und -rezepten lädt zum Backen ein.

Weizenbrote mit Hefe

Hefebrot hat mehrere Vorteile: Es ist relativ rasch und einfach herzustellen und hat ein appetitliches Aroma. Je nach verwendeten Zutaten (Milch statt Wasser als Zuguss oder ein Zusatz an Fett) ergeben sich interessante Varianten. Das unten folgende Grundrezept ist Ausgangspunkt für zahlreiche Arten von Weizen- und Mischbroten. Die Fotos auf S. 47 und S. 49 zeigen Ihnen die Zubereitung von Vor- und Hauptteig in verständlichen Schritten.

Machen Sie Ihre ersten Backversuche mit Hefeteig. Die entsprechenden Rezepte gelingen leicht und führen zu schmackhaften Ergebnissen.

Grundrezept für Weizenmehl niedriger Ausmahlungsgrade

Vorteig (»Hefestück«)
Die meisten der üblichen Brotrezepte arbeiten mit einem Vorteig (»Hefestück«, süddeutsch »Dampfl«). Der Hauptteig geht dann wesentlich schneller auf. Eine längere Gärzeit hat andererseits auch ihre Vorteile.

Zutaten
60 g Weizenmehl Type 405 · 70 ml lauwarmes Wasser · 25 g Hefe
1 Prise Zucker

1 *Lösen Sie die Hefe im Wasser auf. Geben Sie Mehl und Zucker dazu.*   **2** *Stellen Sie den Vorteig abgedeckt gut 30 Minuten warm.*

Zubereitung

1 Die Hefe im Wasser auflösen und das Mehl und den Zucker dazugeben.   **2** Alles gut verrühren und diesen Vorteig mindestens 30 Minuten warm stellen.

Die Hefegärung im Brotteig

Die für die Vermehrung der Hefezellen optimale Teigtemperatur sind 28 °C, für die Gärung 32 °C. Bei einer Temperaturerhöhung von 25 auf 35 °C nimmt die Gärtätigkeit etwa um das Doppelte zu. Bei Temperaturen über 45 °C sterben die Hefezellen ab.

Ein Zuckerzusatz von ein bis zwei Prozent der Mehlmenge (also auf 100 Gramm Mehl ein bis zwei Gramm) ist bei Weizenteigen gärungsfördernd. Die Aktivität der Hefe wird durch eine lange Teigführung begünstigt. 30 Minuten und mehr sollte man der Hefe gönnen, sich an das Milieu des Teiges anzupassen. Das gilt natürlich nur, solange die Hefe genügend Nahrung hat. Lässt man einen Vorteig zu lange stehen, fällt er wieder zusammen. Man kann die Hefe dann mit etwas Zucker »füttern«, und sie beginnt wieder zu arbeiten.

Je nach Art des Zugusses haben sowohl der Teig als auch das fertige Gebäck einen völlig individuellen Charakter. Die Kruste des gebackenen Brotes ist bei Milchteigen viel stärker gebräunt (verantwortlich

Eine ausreichend lange Teigführung des Vorteiges ist unbedingt notwendig Steht er allerdings zu lange, fällt er wieder zusammen.

dafür ist der Milchzucker), die Krume ist feinporiger und zarter, das Brot hat insgesamt einen volleren Geschmack und ist erheblich länger haltbar als Brote, die keinen Zuguss aus Milch haben.

Ersetzt man das Wasser ganz oder teilweise durch Milch, entwickelt sich der Kleber langsamer aufgrund der in der Milch gelösten Stoffe (Zucker, Eiweiß). Letztlich jedoch ist die Kleberbildung besser als in Wasserteigen. Die Gärung des Teiges verläuft langsamer, weil der Milchzucker von der Hefe praktisch nicht vergärbar ist und sowohl Milchfett als auch Milchserum die Stoffwechselvorgänge der Hefe stark beeinträchtigen.

Auch der Zusatz von Fett bewirkt ein besonderes Teigverhalten. Fett ist nicht wasserlöslich. Im Teig hat es die Funktion, die Kleberplättchen zu schmieren. Infolgedessen wird der Teig »kurz«. Das fertige Gebäck hat eine zarte Krume. Da diese zum größten Teil von der Kruste bestimmt wird, sollte für eine möglichst große Oberfläche, z. B. durch Einschnitte, gesorgt werden.

Wird Milch statt Wasser als Zuguss verwendet, hat der Teig eine bessere Kleberbildung. Geschmacklich ist Brot aus Milchteig außerdem etwas runder.

Hauptteig
Für die Zubereitung des Hauptteiges benötigen Sie nun den Vorteig, der ausreichend aufgegangen sein muss.

Zutaten
300 g Weizenmehl (Tpye 405 oder 550) · ca. 125 ml lauwarmes Wasser 1,5 TL Salz (ca. 5 g) · Streumehl

Zubereitung
1 Das Mehl in eine Schüssel sieben, in der Mitte eine Mulde machen und das Salz im lauwarmen Wasser auflösen. **2** Den aufgegangenen Vorteig in die Vertiefung im Mehl geben und das Wasser dazu gießen. Den flüssigen Teig von der Mitte her mit der gesamten Mehlmenge verrühren. **3** Diesen Teig von Hand kräftig abschlagen oder mit der Küchenmaschine bearbeiten, bis er Blasen bildet und sich von der Schüsselwand löst. **4** Den Teig zur Kugel formen, einige Millimeter dick mit Mehl bestreuen und 30 bis 40 Minuten im Warmen gehen lassen. Wenn er sein Volumen etwa verdoppelt hat, ist er bereit zur Weiterverarbeitung.

1 *Sieben Sie das Mehl in eine Schüssel, und drücken Sie in der Mitte eine Mulde ein.*

2 *Geben Sie den Vorteig in die Mulde, und gießen Sie das Wasser mit dem aufgelösten Salz zu.*

3 *Schlagen Sie diesen Teig entweder von Hand oder mit der Küchenmaschine kräftig ab.*

4 *Formen Sie eine Kugel, und lassen Sie diese mit Mehl bestreut noch einmal im Warmen gehen.*

Kastenbrote und angeschobenes Gebäck

Brötchen

Zutaten und Teigbereitung

wie im Grundrezept (siehe S. 46 f.) · zusätzlich Streumehl

Zubereitung

Brötchen werden nach dem Grundrezept für Weizenteig mit Hefe gebacken. Mit diesem relativ einfachen Rezept können Sie experimentieren und die unterschiedlichsten Varianten zubereiten.

1 Die Arbeitsplatte mit einer Hand voll Mehl bestreuen und den fertigen Teig darauf heben.   **2** Den Teig in acht bis zehn gleiche Teile teilen.   **3** Jeden Teil leicht durchkneten, zu einer kleinen Kugel formen und mit dem Schluss nach unten in eine bemehlte runde Backform legen, wobei die einzelnen Teiglinge dicht aneinander geschoben werden.   **4** Mit lauwarmem Wasser abstreichen und ca. 20 Minuten im Warmen gehen lassen.   **5** Das Backrohr auf 220 °C aufheizen, die Backform auf die mittlere Schiebeleiste stellen, nach 10 Minuten die Hitze auf 200 °C reduzieren und die Brötchen noch ca. 25 Minuten backen.

Anmerkung

Angeschobene Brote und Brötchen benötigen eine fast doppelt so lange Backzeit wie freigeschobene.

Varianten

▶ Die Backform nicht mit Mehl ausstreuen, sondern mit zerlassener Butter oder Schweineschmalz einpinseln.

▶ Die Brötchen kurz vor dem Ausschießen mit zerlassener Butter einpinseln.

▶ Mit gequollener Stärke abstreichen und nach Belieben mit Kümmel, Sonnenblumenkernen oder Koriandersamen bestreuen.

▶ Für die Liebhaber von Laugenbrötchen: Tauchen Sie die Teiglinge vor dem Backen in eine Natronlauge. Man nimmt auf 1 Liter Wasser 5 Gramm Natron (= Natriumhydrogenkarbonat, in der Apotheke erhältlich). Das Wasser mit dem Natron zum Kochen bringen, die Teiglinge vorsichtig hineinlegen, nach 30 Sekunden mit dem Schaumlöffel umdrehen und nach weiteren 30 Sekunden herausnehmen. Auf ein gefettetes Blech sezten. Mit Salz bestreuen und backen.

Toastbrot

Zutaten

500 g Weizenmehl Type 405 · ca. 350 ml lauwarme Milch · 25 g Hefe
1 Prise Zucker · 5 g Salz · 25 g Butter · Streumehl
ca. 20 g Butter für die Kastenform

Zubereitung

1 Einen Vorteig zubereiten. Dafür von dem Mehl 50 Milliliter abnehmen, mit 60 Milliliter Milch, mit der Hefe und dem Zucker verrühren. Den Vorteig mindestens 30 Minuten warm stellen. **2** Inzwischen das restliche Mehl in eine Schüssel sieben, mit dem Salz vermischen, eine Mulde in die Mitte drücken und die restliche Milch hineingießen. **3** Den Vorteig und die zuvor zerlassene Butter dazugießen und alle Zutaten von der Mitte her miteinander vermengen. Den Teig so lange abschlagen, bis er Blasen wirft und sich von der Schüsselwand löst. Den Teig mit Mehl bestreuen und zugedeckt ca. 40 Minuten warm stellen (Teigtemperatur: 25–27 °C). **4** Den Teig vorsichtig auf die bemehlte Arbeitsplatte heben und zu einem Strang von ca. 40 Zentimetern ausziehen. Diesen nach kurzer Teigerholungszeit nachlängen und in vier gleich lange Teile teilen. Die Kastenform gründlich einfetten und mit Mehl ausstreuen. Die vier Teigteile nebeneinander quer in die Kastenform legen und ca. 20 Minuten gehen lassen. **5** In der Zwischenzeit das Backrohr auf 200 °C vorheizen, die Kastenform auf die mittlere Schiebeleiste setzen und das Brot ca. 30 Minuten lang backen.

Toastbrot gehört in den Lebensmittelläden zu den meistgekauften Brotsorten. Backen Sie es doch einfach einmal selbst!

So wird Toastbrot perfekt

Bei Toastbrot kommt es auf eine gleichmäßige und feine Porung an. Um diese zu erreichen, bäckt man das Brot nicht aus einem ganzen Teigling, sondern teilt ihn in vier oder mehr Teile und schiebt die kugelförmigen Teiglinge in der Kastenform aneinander. Die Teighaut der einzelnen Teile übt einen Gegendruck auf die Ausdehnung der Gasbläschen aus und verhindert so, dass diese zu groß werden.

Kastenweißbrot

Zutaten und Teigbereitung

wie im Grundrezept (S. 46f.) · Streumehl · ca. 20 g Butter für eine Kastenform der Größe 11 x 7 x 31 cm

Zubereitung

Kastenweißbrot wird nach dem Grundrezept für Hefeweißbrot gebacken. In der Backform wirkt der Ofentrieb des Teiges noch besser, da der Teigling nicht nach den Seiten ausweichen kann.

1 Den Teig auf die bemehlte Arbeitsplatte legen, von allen Seiten mit Mehl bestreuen und einmal kurz durchkneten. **2** Dann etwas längen und ein paar Minuten erholen lassen. **3** Den Teig auf die endgültige, der Kastenform angepasste Länge bringen und zu einem Wecken formen. **4** Die Kastenform mit etwas zerlassener Butter auspinseln und mit Mehl bestreuen, den Teigling (nach Belieben mit dem Schluss nach unten oder oben) hineinlegen, mit lauwarmem Wasser abstreichen und zugedeckt 15 bis 20 Minuten im Warmen gehen lassen. **5** Inzwischen das Backrohr auf 200 °C aufheizen, die Kastenform auf die mittlere Schiebeleiste stellen und bei 200 °C 10 Minuten anbacken. Dann die Hitze auf 180 °C reduzieren und das Brot noch etwa 35 Minuten backen. **6** Das Brot auf ein Brett stürzen und vor dem Anschneiden völlig auskühlen lassen.

Freigeschobene Weizenbrote mit Wasser

Brötchen

Zutaten und Teigbereitung

wie im Grundrezept (S. 46f.)

Zubereitung

1 Die Arbeitsplatte bemehlen und den fertigen Teig darauf heben. Den Teig in sechs gleiche Teile teilen und jeden Teil leicht durchkneten. **2** Nach Belieben runde oder längliche Teiglinge formen, diese auf ein bemehltes Backblech legen. Lieben Sie eine glatte Oberfläche, legen Sie die Teiglinge mit dem Schluss nach unten aufs Blech. Zeigt der Schluss nach oben, ist der Ofentrieb noch etwas intensiver.

3 Die Teiglinge mit warmem Wasser abstreichen und ca. 20 Minuten im Warmen gehen lassen. **4** Den Herd auf 220 °C aufheizen, das Backblech auf die mittlere Schiebeleiste setzen und die Brötchen ca. 20 Minuten backen.

Südtiroler Anisfladen (»Vorschlag«)

Zutaten

500 g Weizenmehl Type 1050 · ca. 750 ml lauwarmes Wasser · 1 Würfel Hefe (42 g) · 1 schwach gehäufter TL Salz · 1 Ei · 2 EL Anissamen Streumehl

Zubereitung

1 Das Mehl in eine Schüssel sieben, die Hefe in einem Messbecher mit 250 Milliliter lauwarmem Wasser gut verrühren. **2** In die Mitte des Mehls eine Mulde drücken und das Wasser mit der aufgelösten Hefe hineingießen. Dieses mit ein wenig Mehl zu einem dickflüssigen Teig verrühren, mit Mehl bestreuen und über Nacht in einem kühlen(!) Raum mit einem feuchten Tuch zugedeckt stehen lassen. **3** Am nächsten Morgen das Salz im restlichen Wasser (lauwarm) auflösen, das Wasser zum Vorteig gießen und alle Zutaten von der Mitte her gut verarbeiten. **4** Den Teig auf die bemehlte Arbeitsplatte heben, von Hand 10 Minuten kneten (oder mit der Küchen- bzw. Knetmaschine bearbeiten), mit Mehl bestreuen und zwei Stunden zugedeckt warm stellen. **5** Den Teig in vier gleich große Portionen teilen, mit Mehl bestreuen und zunächst mit der Hand flach drücken. Nach kurzer Teigerholung mit dem Nudelholz dünn ausrollen (etwa 0,5 Zentimeter dick). **6** Je zwei Fladen auf ein gut bemehltes Blech legen, das Ei mit etwas Wasser verquirlen, die Fladen bestreichen und den Anissamen darauf streuen. Das Backrohr auf 200 °C aufheizen, die Bleche nacheinander auf die mittlere Schiebeleiste setzen und die Fladen jeweils ca. 25 Minuten backen.

Anmerkung

Im Umluftofen können Sie auf mehreren Etagen gleichzeitig backen.

Hefeteige mit einer langen Reifezeit bei kühler Temperatur, wie sie der Südtiroler Anisfladen benötigt, entfalten ein besonders volles Aroma. Der Anisgeschmack kommt so zu voller Geltung.

Kroatisches Fladenbrot (Pogača)

Zutaten

500 g Weizenmehl Type 405 · ca. 375 ml lauwarmes Wasser
1 Würfel Hefe (42 g) · 2 gestrichene TL im Mörser fein zerstoßenes Salz
Streumehl

Zubereitung

In ihrer Heimat wird die gebackene Pogača horizontal durchgeschnitten, mit Hackfleischwürstchen (Ćevapcici, unbedingt mit Knoblauch gewürzt!) belegt und der ausgetretene Fleischsaft darüber getreufelt.

1 Das Mehl in eine Schüssel sieben, eine Vertiefung in die Mitte drücken. **2** Die Hefe in dem lauwarmen Wasser auflösen und beides gut verrühren. **3** Das Wasser mit der aufgelösten Hefe in die Vertiefung im Mehl gießen und von der Mitte her mit der gesamten Mehlmenge vermischen. **4** Den Teig mit dem Kochlöffel oder in der Küchenmaschine kräftig bearbeiten, bis er Blasen wirft und sich vom Schüsselrand löst. **5** Den Teig gründlich mit Mehl bestreuen und zugedeckt eine Stunde im Warmen gehen lassen. **6** Erst jetzt das Salz gut in den Teig einarbeiten. **7** Den Teig auf die bemehlte Arbeitsplatte heben und in vier gleich große Portionen teilen. Jede Portion kurz durchkneten, zu einer Kugel formen, mit Mehl bestreuen und 30 Minuten lang warm stellen. **8** Die Kugeln etwas flach drücken, auf ein bemehltes Backblech legen und noch einmal gehen lassen, bis das Backrohr auf etwa 220 °C aufgeheizt ist.

Anmerkung

Meine Informantin, eine Kroatin, berichtet, man habe in ihrer Heimat die Hefe fein zerbröselt und gleich unter das Mehl gerührt. Das ist wegen der normalerweise schmierigen Konsistenz unserer Presshefe nicht möglich.

Da dieses Rezept ohne Vorteig arbeitet, ist es ratsam, das Salz erst dann dem Teig hinzuzufügen, wenn dieser aufgegangen ist und sich sein Volumen verdoppelt hat. Wie bereits erwähnt wurde, hemmt Salz das Hefewachstum.

Ein kleberstärkeres Mehl zu nehmen, empfiehlt sich bei diesem Brot deshalb nicht, weil das Salz erst in den fertigen Teig eingearbeitet wird. Ein Teig aus kleberstarkem Mehl ist im gereiften Zustand schwer »aufzubrechen«.

Bauernbrot aus dem Günzkreis

Zutaten

1 kg Weizenmehl Type 1050 · 1/2 Tasse lauwarmes Wasser · 80 g Bäcker-hefe · 4 gestrichene TL Salz · ca. 720 ml Wasser · Streumehl

Zubereitung

1 Am Vorabend des Backtages das Mehl in eine Schüssel sieben, die Hefe in einer halben Tasse lauwarmem Wasser auflösen, dieses und ca. 250 Milliliter Wasser in eine Mulde im Mehl gießen und mit einem Teil des Mehls zu einem dickflüssigen Teig verrühren. **2** Diesen Vorteig (»Dampfl«) dick mit Mehl bestreuen und die Schüssel über Nacht zugedeckt im Warmen stehen lassen. **3** Am nächsten Morgen das Salz im restlichen (angewärmten) Wasser auflösen, das Wasser zum Vorteig gießen, beides gut verrühren und alle Zutaten von der Mitte zum Schüsselrand hin sorgfältig vermengen. **4** Diesen Teig auf der bemehlten Arbeitsplatte kneten, bis er sich elastisch anfühlt (etwa 10 Minuten), in die bemehlte Schüssel zurücklegen und mit Mehl bestreut 30 Minuten zugedeckt im Warmen gehen lassen. **5** Den Teig auf die bemehlte Arbeitsfläche legen, kurz durchkneten, einen runden Laib formen und diesen auf das bemehlte Backblech setzen. Den Laib, mit Mehl bestreut, noch einmal 30 Minuten warm stellen. **6** Den Backofen auf 220 °C vorheizen, das Blech auf die untere Schiebeleiste setzen und das Brot etwa 70 Minuten backen.

Aus demselben Teig machte man in Wattenweiler im Günzkreis »Zwiebelplätz« und ein Dörrbirnenbrot (»Hutzelbrot«).

Das Bauernbrot aus dem Günzkreis ist eine der zahlreichen Varianten von Weizenbroten mit Hefe. Aus demselben Teig wurden früher auch die so genannten »Zwiebelplätz« oder das Dörrbirnenbrot zubereitet.

Zürcher Brot

Zutaten

300 g Weizenmehl Type 550 · 300 g Weizenmehl Type 1050 · ca. 365 ml lauwarmes Wasser · 2 schwach gehäufte TL Salz (ca. 7–8 g) 60 g Roggensauerteig (siehe S. 64f.)

Zubereitung

Schweizer Brot wird aus hellem Mehl, beim Zürcher Brot mit Sauerteigzusatz, mit einer langen Teigführung gebacken.

1 Die beiden Mehltypen in eine Schüssel sieben und zusammen mit dem Salz gut mischen, in die Mitte eine Mulde drücken. **2** Die Hefe in dem lauwarmen Wasser auflösen und zusammen mit dem Sauerteig gut darin verrühren. **3** Die Flüssigkeit in die Mehlmulde gießen und von der Mitte zu den Rändern hin gut mit dem Mehlgemisch vermengen. **4** Den Teig energisch mit dem Kochlöffel (oder mit der Küchenmaschine) bearbeiten, bis er Blasen wirft und sich von der Schüsselwand löst. **5** Den Teig mit Mehl bestreuen und zugedeckt bei einer Teigtemperatur von 22 bis 24 °C 1 bis 2 1/2 Stunden gehen lassen. **6** Den Teig auf die bemehlte Arbeitsplatte heben, mit Mehl bestäuben und noch einmal kurz durchkneten. Einen länglichen Wecken formen und mit dem Schluss nach oben auf das bemehlte Backblech setzen. **7** Das Backrohr auf 240 °C vorheizen. **8** Hat der Teigling um etwa die Hälfte seines Volumens zugenommen, wird er drei- bis fünfmal flach eingeschnitten und mit warmem Wasser abgestrichen. Dann setzt man das Blech auf die untere Schiebeleiste des Backrohrs, gießt eine Tasse heißes Wasser ins Rohr und bäckt das Brot bei 230 °C 50 bis 1 Stunde. Sollte die Kruste zu dunkel werden, deckt man sie mit Alufolie ab. Nach dem Ausschießen wird sie mit kaltem Wasser abgestrichen.

Anmerkung

Charakteristisch für dieses Brot sind eine kräftige Kruste, eine etwas grobporige Krume mit ungleichmäßiger Porung, ein herzhaftes Aroma und gute Frischhaltung. Eine besondere Variante dieses Brotes stellt das St. Galler Brot dar, dessen Teig kunstvoll so gefaltet wird, dass der fertig geformte Teigling und das gebackene Brot die typische »Nase« zeigen.

Baguette

Zutaten

*1 kg Weizenmehl Type 1050 · ca. 650 ml lauwarmes Wasser · 30 g Hefe
eine Prise Zucker · 5 gestrichene TL Salz (ca. 15 g) · Streumehl*

Zubereitung

1 60 Milliliter Wasser mit dem Zucker in einen Topf (oder Messbecher) geben und die Hefe darin auflösen. 50 Gramm Mehl darunter rühren und diesen Vorteig mindestens 30 Minuten warm stellen. **2** Das Mehl in eine Schüssel sieben, mit dem Salz vermischen, in der Mitte eine Mulde eindrücken und den Vorteig sowie das restliche (lauwarme) Wasser in die Mulde gießen. Alle Zutaten sorgfältig vermengen. **3** Den Teig auf die Arbeitsfläche heben und 5 Minuten kräftig durchkneten. **4** Wenn der Teig so elastisch ist, dass sich ein Fingereindruck sofort wieder schließt, zurück in die Schüssel legen, mit lauwarmem Wasser abstreichen und die Schüssel mit einem feuchten Tuch zudecken. **5** Den Teig 2 bis 3 Stunden bei eher kühler Temperatur reifen lassen. Ab und zu die Oberfläche mit lauwarmem Wasser abstreichen, um ein Trocknen (in der Fachsprache »Verhauten«) der Oberfläche zu verhindern. **6** Den Teig auf die bemehlte Arbeitsfläche heben, kurz durchkneten und in zwei (für Baguettes = »Stäbe«) oder vier Teile (für Ficelles = »Bindfäden«) teilen. Jeden Teil zu einem Teigstrang vorlängen. Nach ca. 5 Minuten in die endgültige Form bringen, mit Mehl bestreuen, mit dem Schluss nach unten auf ein bemehltes Blech (bzw. zwei Bleche) setzen und ca. 2 Stunden zugedeckt im Warmen gehen lassen. Falls nötig, zwischendurch wieder bemehlen. **7** Gegen Ende der Wartezeit das Backrohr auf 230 °C vorheizen. Die Teiglinge an der Oberseite mehrmals schräg mit einem scharfen Messer einschneiden. Nach 15 Minuten das Blech auf die untere Schiebeleiste setzen. Nach 2 Minuten eine Tasse heißes Wasser (vorsichtig!) ins Backrohr gießen und die Tür sofort wieder schließen. 10 Minuten backen, dann die Temperatur auf 200 °C reduzieren und das Brot während weiterer 40 bis 50 Minuten fertig backen.

Lange Teigreifezeiten und spätes Salzen verleihen dem Baguette sein herrliches Aroma, das Industrieprodukte niemals erreichen. Übrigens ist auch die unregelmäßige, zum Teil sehr große Porung typisch für einen lange gereiften Teig.

Freigeschobene Weizenbrote mit Milch oder Buttermilch

Chiemgauer Bauernbrot (aus Dösdorf)

Zutaten

125 g Buttermilch · 40 g Bäckerhefe · 1 TL Zucker · 660 g Roggenmehl Type 815 · 330 g Weizenmehl Type 550 · ca. 745 ml lauwarmes Wasser 6 gestrichene TL Salz · 2 EL Kümmel · 2 EL Koriander · Streumehl

Die Verwendung von Milch oder Buttermilch für die Zubereitung des Teiges verleiht der Kruste des gebackenen Brotes eine stärkere Bräune, und die Krume wird feinporiger und zarter.

Zubereitung

1 Am Vorabend des Backtages aus der (angewärmten) Buttermilch, der zerbröckelten Hefe, dem Zucker und 125 Gramm Roggenmehl einen Vorteig zubereiten und diesen über Nacht stehen lassen. Der Raum braucht nicht besonders warm zu sein. **2** Am nächsten Tag die Mehle in eine Schüssel sieben und sie gut miteinander vermengen. Das Salz im lauwarmen Wasser auflösen und dieses nach und nach zusammen mit dem Vorteig in die ins Mehl gedrückte Mulde gießen und Kümmel und Koriander dazugeben. Alle Zutaten gut vermengen und den Teig dann etwa 10 Minuten kneten. **3** Den Teig mit Mehl bestreuen und warm stellen, bis er etwa um die Hälfte seines Volumens zugenommen hat. **4** Nun den Teig auf die bemehlte Arbeitsfläche heben, noch einmal kurz durchkneten, ihn in zwei gleich große Teile teilen, aus jedem einen runden Laib formen und diese Laibe auf das bemehlte Backblech setzen. Die Teiglinge mit dem verquirlten Ei bestreichen und mit einem scharfen Messer schräge Kerben in die Ränder schneiden. **5** Das Backrohr auf 250 °C vorheizen und nach etwa 20 Minuten das Backblech auf die untere Schiebeleiste setzen. Nach 5 Minuten die Hitze auf 220 °C reduzieren und die Laibe noch etwa 50 Minuten lang backen. Sollte die Kruste zu dunkel werden, decken Sie sie mit Alufolie ab.

Anmerkung

In Dösdorf war/ist es üblich, Butter und geschnittenes Zwiebelgrün zum Brot zu essen. Die Kombination aus relativ mildem Brot und kräftigem Zwiebelgrün ist sehr schmackhaft.

Ein Chiemgauer Bauernbrot aus Roggenmehl – nicht nur mit Butter und frischem Zwiebelgrün eine Köstlichkeit!

Seppig aus Estland

Zutaten

80 g Bäckerhefe · ca. 750 ml lauwarme Milch · 800 g Weizenmehl Type 1050 · 200 g Weizenvollkornmehl · 3 gehäufte TL Salz · Streumehl

Zubereitung

1 Die Hefe in der Milch auflösen. **2** Die Mehle in eine Schüssel sieben und mischen. Drei Viertel der Mehlmenge in eine zweite Schüssel geben und die Milch dazugießen. Mehl und Milch verrühren und bearbeiten, bis der Teig Blasen wirft, dann mit Mehl bestreuen und zugedeckt ca. 30 Minuten warm stellen. **3** Das Salz mit dem Mehl in der ersten Schüssel vermischen. Den aufgegangenen Vorteig dazugeben und mit dem restlichen Mehl vermengen. **4** Den Teig auf die bemehlte Arbeitsfläche legen, 5 Minuten durchkneten und zu zwei länglichen Wecken formen. Diese auf ein bemehltes Backblech legen, mit Mehl bestreuen und zugedeckt im Warmen gehen lassen. **5** Den Backofen auf 200 °C vorheizen, das Blech auf die untere Schiebeleiste setzen und die Brote 1 Stunde backen.

Auch für dieses traditionelle Brotrezept aus Estland wird statt Wasser als Zuguss lauwarme Milch verwendet.

Weißbrot von der Schwäbischen Alb

Zutaten

1 Prise Zucker · 40 g Hefe · 175 ml lauwarme Milch · 175 ml Wasser ·
1 gehäufter TL · Salz · 500 g Weizenmehl · Streumehl

Zubereitung

In Sonderbuch auf der Schwäbischen Alb bringen die Bäuerinnen wie eh und je die Teiglinge zum Backen zum Gemeindeofen, dem Backhaus.

1 Zucker und Hefe in der Milch, das Salz im Wasser auflösen. **2** Das Mehl in eine Schüssel sieben und eine Mulde in die Mitte drücken, in die man die Milch gießt, sobald die Hefe an der Oberfläche schwimmt, ebenso das Wasser. **3** Alle Zutaten gut vermengen, den Teig kneten, bis er elastisch ist, Blasen wirft und sich von der Schüsselwand löst. Den Teig mit Mehl bestreut und zugedeckt 3 Stunden im Warmen ruhen lassen. **4** Den Teig auf die bemehlte Arbeitsfläche legen, kurz durchkneten und zu einem runden Laib formen. **5** Das Backrohr auf 240 °C vorheizen. Den Teigling mit dem Schluss nach unten auf das bemehlte Blech legen und auf die untere Schiebeleiste setzen. Bei 200 °C ca. 40 Minuten backen.

Freigeschobene Weizenbrote mit Milch oder Joghurt und Fettzusatz

Bulgarisches Joghurtbrot

Zutaten

1 Prise Zucker · 20 g Hefe · 125 ml lauwarme Milch · 500 g Weizenmehl
Type 405 · 2 gestrichene TL Salz · 125 g Joghurt · 2 EL Butter · 1 Eigelb
1 Ei · Öl für das Backblech

Zubereitung

1 Zucker und Hefe in der Milch auflösen. **2** Das Mehl in eine Schüssel sieben, mit dem Salz gut vermischen und eine Mulde in die Mitte drücken. **3** Die Butter zerlassen. Wenn die Hefe an der Oberfläche der Milch schwimmt, die Milch, den Joghurt und die Butter dazugießen und das Eigelb dazugeben. Alle Zutaten gut vermengen und den Teig so lange bearbeiten, bis er Blasen wirft. **4** Den Teig mit Mehl bestreuen und 1 Stunde gehen lassen. **5** Den Teig auf die bemehlte Arbeitsfläche legen, einen runden Laib formen und diesen auf das eingeölte Backblech legen. Den Teigling 30 Minuten ruhen lassen. **6** Den Backofen auf 200 °C vorheizen, den Teigling mit dem verquirlten Ei bestreichen, das Blech auf die untere Schiebeleiste setzen und das Brot 35 bis 40 Minuten backen.

Berner Züpfe

Auf dieses Gebäck sind die Berner zu Recht sehr stolz, obwohl es auf den ersten Blick aussieht wie ein gewöhnlicher Hefezopf.

Zutaten

1 kg Weizenmehl Type 405 · 500 ml lauwarme Milch · 80 g Hefe
180 g Butter · 1 gehäufter TL Salz · etwas Milch zum Abstreichen
Streumehl

Zubereitung

1 Das angewärmte Mehl in eine Schüssel sieben, die Milch in eine Vertiefung in der Mitte gießen und die Hefe hineinbröckeln. Dann die Milch mit etwas Mehl zu einem dickflüssigen Teig verrühren. **2** Diesen Vorteig zugedeckt ca. 30 Minuten im Warmen gehen lassen. **3** Die zerlassene Butter und das Salz dazugeben und alle Zutaten vermengen, bis ein elastischer Teig entstanden ist. **4** Diesen Hauptteig mit etwas Mehl bestreuen und zugedeckt ca. 1 Stunde im Warmen gehen lassen. **5** Wenn der Teig deutlich an Volumen gewonnen hat, auf die bemehlte Arbeitsfläche legen, in drei Portionen teilen und jeweils vorlängen. Nach einigen Minuten die Teile zu dicken Strängen formen und einen Zopf flechten. **6** Das Backrohr auf 180 °C vorheizen, den Zopf auf ein mit zerlassener Butter eingepinseltes Backblech heben, mit Milch bestreichen und 10 Minuten gehen lassen. **7** Das Blech auf die untere Schiebeleiste setzen und den Zopf etwa 50 Minuten bei 180 °C backen.

Bulgarisches Joghurtbrot und Berner Züpfe sind beide so gehaltvolle Brote, dass auf jeglichen Belag getrost verzichtet werden kann.

Mischbrote mit Hefe

Schwäbisches Bauernbrot (von der Insel Reichenau)

Zutaten

800 g Weizenmehl Type 550 · 200 g Roggenmehl Type 815 · 40 g Bäckerhefe · ca. 720 ml lauwarmes Wasser · 3 gehäufte TL Salz · Kümmel nach Geschmack · Streumehl

Zubereitung

In Südwestdeutschland überwiegen helle Brote. Aus übrig gebliebenem Teig wurde oft noch ein Obstkuchen, z. B. ein Apfelkuchen, gebacken.

1 Am Vorabend des Backtages das Mehl beider Sorten in eine Schüssel sieben und gut miteinander mischen. Die Hefe in 200 Milliliter lauwarmem Wasser auflösen und 200 Gramm des Mischmehls mit dieser Flüssigkeit zu einem Vorteig vermengen. Diesen mit Mehl bestreut und zugedeckt über Nacht warm stellen. **2** Am nächsten Tag das Salz im restlichen, leicht angewärmten Wasser auflösen und zusammen mit dem Vorteig in eine Mulde in der Mitte des noch verbliebenen Mehls geben. **3** Alle Zutaten gut miteinander vermengen und den so entstandenen Teig 10 Minuten kräftig bearbeiten. Den Teig mit Mehl bestreuen und zugedeckt 30 bis 40 Minuten warm stellen. **4** Den Teig auf die bemehlte Arbeitsfläche heben und in zwei Teile teilen. Jeden dieser Teile bemehlen und kurz durchkneten. Zwei Laibe daraus formen und mit dem Schluss nach unten auf ein bemehltes Backblech legen. **5** Das Backrohr auf 230 °C vorheizen und das Backblech nach etwa 20 Minuten auf die untere Schiebeleiste setzen. Die Brote 10 Minuten anbacken, dann die Hitze auf 200 °C reduzieren und die Brote weitere 50 Minuten backen.

Anmerkung

Für Kümmelliebhaber lassen sich aus demselben Teig auch »Kümmellaibe« zubereiten, wenn dieses Gewürz zusätzlich unter den Teig gemischt wird. Eine besondere Köstlichkeit ist ein Apfelkuchen aus dem restlichen Brotteig (natürlich ohne Kümmel).

Eine weitere Variante ist das Schwarzwälder Bauernbrot, das Weizen- und Roggenmehl im Verhältnis 2:1 enthält. Der Zuguss besteht zu einem Drittel aus Mehl und zu zwei Dritteln aus Wasser.

Nordtiroler Bauernbrot (aus dem Stubaital)

Zutaten

500 g Roggenmehl Type 1370 · 500 g Weizenmehl Type 1050

50 g Bäckerhefe · ca. 800 ml lauwarmes Wasser · 4 schwach gehäufte TL

Salz · 2 EL Fenchel · 2 EL Brotkleesamen · Streumehl · schwarzer

Kaffee zum Abstreichen

Zubereitung

1 Von dem Roggenmehl 200 Gramm abnehmen, in eine Schüssel sieben, 250 Gramm von dem Wasser abnehmen, die Hefe darin auflösen und das Wasser mit dem Roggenmehl gut vermengen. Diesen Vorteig (das »Dampfl«) über Nacht zugedeckt an einem warmen Ort stehen lassen. **2** Am nächsten Tag den Vorteig in eine große Schüssel gießen, das Salz im restlichen (angewärmten) Wasser auflösen, es zum Vorteig gießen und die Gewürze dazugeben. Vorteig und Wasser gut miteinander vermischen. **3** In einer zweiten Schüssel Roggen- und Weizenmehl sorgfältig miteinander vermischen und nach und nach das gesamte Mehl in den mit dem restlichen Wasser verdünnten Vorteig rühren, bis ein knetbarer Teig entstanden ist. Den Teig etwa 10 Minuten bearbeiten, mit Mehl bestreuen und zugedeckt 30 bis 40 Minuten warm stellen. **4** Den Teig auf die bemehlte Arbeitsfläche heben, in zwei Teile teilen. Jeden Teil mit Mehl bestäuben und kurz durchkneten. Je einen runden Laib formen und mit dem Schluss nach unten auf ein bemehltes Backblech setzen. Die Teiglinge mit schwarzem Kaffee abstreichen und 15 Minuten ruhen lassen. **5** Das Backrohr auf 250 °C vorheizen, das Blech auf die untere Schiebeleiste setzen und das Brot 6 Minuten bei 250 °C anbacken. Dann die Hitze auf 200 °C reduzieren, nach weiteren 15 Minuten auf 180 °C. Die Brote noch 50 Minuten bis 1 Stunde weiterbacken.

Anmerkung

Die Verwendung von Brotklee (Blauer Bockshornklee, siehe S. 32) ist typisch für Nord- und Südtirol. Er verleiht dem Brot einen leichten Maggigeschmack. Das Abstreichen mit Kaffee wirkt befremdlich, bezweckt aber eine intensive Färbung der Oberfläche.

Dieses Mischbrot mit Hefe aus dem Stubaital wird durch das Untermischen von Fenchelsamen und Brotkleesamen in den Teig besonders schmackhaft.

Brote mit Sauerteig mit und ohne Hefe

Grundrezept für Sauerteig (Dreistufenführung)

Grundsätzlich kann man auch aus Gemüse, das in der Regel Milchsäurebakterien enthält (Sauerkraut), einen Sauerteig zubereiten. Im letzten Krieg setzten manche Bäuerinnen in Niederbayern aus geriebenen, rohen Kartoffeln und etwas Zucker einen Sauerteig an. In Frankokanada bereiteten Bauern traditionell den »Ansatz« aus Kartoffelsaft, der aus geriebenen, rohen Kartoffeln gepresst wurde. In Mähren übergoss man eine Scheibe zerkrümeltes Sauerteigbrot mit Wasser und stellte es einige Tage zum Gären warm. In Griechenland diente ein Brei aus zerstoßenen Kichererbsen und Wasser als Grundansatz für ein Festtagsbrot. Die übliche Methode ist jedoch, Sauerteig aus einem Mehlbrei zuzubereiten.

Sauerteigbrot hat einen kräftigeren Geschmack und mehr »Biss« als Hefebrot, da fast ausschließlich Vollkornmehl verwendet wird.

Grundansatz

Am Abend

50 Gramm Roggenmehl Type 1370 oder Dinkelvollkornmehl (alternativ Weizenvollkornmehl) und ca. 80 Milliliter Wasser miteinander im Joghurtbereiter vermengen und warm stellen.

Am folgenden Morgen

Der Teig sollte jetzt deutlich säuerlich riechen. 100 Milliliter Wasser unter den Mehlbrei mischen, 70 Gramm Roggenmehl (oder Dinkel-/Weizenmehl) darunter rühren und warm stellen.

Am Abend desselben Tages

100 Milliliter Wasser und 120 Gramm Roggenmehl (oder Dinkel-/Weizenmehl) mit dem Mehlbrei vermengen und warm stellen.

In der ersten Phase säuert der Teig lediglich und ist von winzigen Bläschen durchzogen, in der zweiten zeigen sich bereits größere Blasen, in der dritten nimmt das Volumen merklich zu. Vom zweiten Tag an verlaufen die Gärvorgänge deutlich beschleunigt. Der reife Sauerteig wird als »Vollsauer« bezeichnet.

Anmerkung

In der Literatur wird empfohlen, eine frische Scheibe Zwiebel jeweils nach dem Anfrischen, d. h. nach der Zugabe von Flüssigkeit und Mehl zum Teigansatz bzw. zum Restteig auf den Teig zu legen. Die ätherischen Öle sollen Fehlgärungen entgegenwirken. Nach meinem eigenen Eindruck wirken sich auch die ätherischen Öle zerkleinerten Brotgewürzes, vor allem von Kümmel (unter den Teig gemengt oder darauf gestreut), günstig auf die Gärung aus.

Siebenbürger Krautbrötchen

Auch die ersten Backversuche mit Sauerteig sollten – wie bei Hefeteig – mit Kleingebäck beginnen. Dieses Rezept ist besonders geeignet, weil die Krautblätter Feuchtigkeit abgeben, die den Ofentrieb der Brötchen fördert, vorausgesetzt, man lässt den Teiglingen genug Spielraum in ihrem Mantel.

Krautbrötchen mit Butter, die eingewickelt in Blättern vom Sommerweißkohl gebacken wurden, waren in Siebenbürgen ein beliebtes Schulbrot der Kinder.

Zutaten

Brotteig laut Rezept S.69 (Siebenbürger Bauernbrot) · Streumehl für jedes Brötchen ein Blatt Sommerweißkohl

Zubereitung

1 Den Teig auf die bemehlte Arbeitsfläche legen und in Portionen etwa von der Größe eines Tennisballs teilen. Jeden Teil kurz durchkneten und längen.　**2** Die Krautblätter waschen und nicht abtrocknen. Jeden Teigling locker in ein Krautblatt wickeln und mit dem Blattschluss nach unten auf ein Backblech legen.　**3** Den Backofen auf 250 °C aufheizen, nach ca. 20 Minuten das Blech auf die mittlere Schiebeleiste setzen und die Brötchen backen, bis die Blätter abfallen. Die Hitze auf 200 °C reduzieren und das Gebäck noch 5 bis 10 Minuten backen, damit die Kruste Farbe bekommt.

Anmerkung

Die verbrennenden Krautblätter riechen etwas streng, aber die Brötchen sind herrlich knusprig und aromatisch, und die Blattadern haben sich auf der Kruste abgezeichnet.

Grundrezept für Weizenvollkornbrot

Aus vielerlei Gründen kann man Weizenmehle niedriger Ausmahlungsgrade nicht durch Weizenvollkornmehl ersetzen, ohne die Rezeptur zu verändern. Vollkornmehle sollten grundsätzlich mit Sauerteig verbacken werden, um dem Körper den vollen Nährwert zur Verfügung stellen zu können. Technologisch gesehen ist zu beachten, dass Vollkornmehl mehr Wasser schluckt. Für ein Kilogramm Weizenmehl Type 405 braucht man ca. 700 Milliliter Wasser, für ein Kilogramm Weizenvollkornmehl ca. 760 Milliliter Wasser.

Schon durch die Mehlwahl (Weizen oder Dinkel) erzielen Sie bei diesem Brot erhebliche Geschmacksvarianten.

Zutaten

500 g Weizen- oder Dinkelvollkornmehl · 380 ml lauwarmes Wasser

100 g Weizenvollsauer (siehe Rezept S. 66f.) · 2 gestrichene TL Salz

20 g Hefe · 30 ml Wasser · weitere 50 g Weizenvollkornmehl · Streumehl

Zubereitung

1 Das Mehl in eine Schüssel sieben, in der Mitte eine Mulde eindrücken.   **2** Von dem Wasser etwa eine halbe Tasse zurückbehalten, den Rest mit dem Sauerteig gut verrühren und in die Mulde im

Die ganz einfachen Dinge sind oft die besten: ein frisch gebackenes Toskanisches Brot, dazu Wein und Oliven.

Mehl gießen.   **3** Alle Zutaten sorgfältig miteinander vermengen und den so entstandenen Teig mit Mehl bestreut und zugedeckt ca. 3 bis 4 Stunden warm stellen.   **4** Ist er dann nicht aufgegangen, die Hefe in 30 Milliliter Wasser auflösen und das Wasser mit dem Teig vermengen, diesem noch einmal 50 Gramm Mehl zufügen.   **5** Den Teig gut durcharbeiten, bemehlt und zugedeckt 30 Minuten im Warmen gehen lassen. Nach Belieben weiterverarbeiten (siehe S. 36ff.).

Toskanisches Brot

Zutaten

200 g Restteig (oder fertiger Weizenvollsauer, siehe S. 66ff.) · 800 g Weizenmehl Type 1050 · ca. 560 ml lauwarmes Wasser · Streumehl

Zubereitung

1 Nach uraltem Verfahren wird in der Toskana der Restteig vom Vortag (das Brot wird täglich gebacken) mit dem lauwarmen Wasser verdünnt und nach und nach mit dem Mehl zu einem elastischen Teig verarbeitet.   **2** Den Teig etwa 10 Minuten kneten, mit Mehl bestreuen und 4 bis 5 Stunden im Warmen zum Gären abstellen. **3** Wenn der Teig deutlich an Volumen zugenommen hat, auf die bemehlte Arbeitsfläche heben, in zwei Portionen teilen, jeden Teil kurz durchkneten und je ein Langbrot (Wecken) daraus formen.   **4** Die Teiglinge auf ein bemehltes Blech setzen, mit lauwarmem Wasser abstreichen und noch einmal 30 Minuten gehen lassen.   **5** Den Herd auf 250 °C vorheizen, das Backblech auf die untere Schiebeleiste setzen und die Brote 10 Minuten bei 250 °C anbacken, dann weitere 45 Minuten bei 200 °C backen.

Anmerkung

Mit Sauerteig (immer dem Restteig) wird heute noch vor allem im Süden Italiens gebacken. In manchen Dörfern Kalabriens verbleibt ein Rest des Teiges in dem Haus, wo gerade gebacken wurde. Wer als Nächster Brot backen will, geht einfach auf die Straße und ruft: »Wer hat den Teig?«

Wenn Sie aus gesundheitlichen Gründen salzarm essen müssen, fällt es Ihnen sicher leicht, sich mit diesem köstlichen Rezept anzufreunden.

Österreichischer Störi

Mundartlich heißt »stere« in Oberösterreich soviel wie Stärke, Kraft. Der Störi ist neben dem Kletzenbrot (siehe S. 87) das traditionelle Weihnachtsgebäck in Oberösterreich und den angrenzenden Gebieten Niederösterreichs. Früher wurde er aus hellem Roggenmehl gebacken, das inzwischen aber längst von Weizenmehl abgelöst wurde.

Dem »Störl« sagte man in seiner Heimat fast magische Kräfte nach. Er ist ein traditionelles, kräftig gewürztes Weihnachtsbrot.

Zutaten

200 g Restteig (oder Weizenvollsauer) · 600 g Weizenmehl Type 1050 ca. 430 ml lauwarmes Wasser · 2 TL Salz · 2 EL gemahlene Gewürze (Fenchel, Anis, Koriander, Piment, Kümmel, gelegentlich auch Zimt und Nelken) · etwas Milch zum Abstreichen · 2 EL Gewürze wie oben, jedoch ganz · Streumehl

Zubereitung

1 Drei Tage vor dem Backtag den Restteig mit etwa 100 Milliliter Wasser verdünnen und 100 Gramm Mehl dazugeben, in ein großes Glas mit Schraubverschluss füllen und diesen angefrischten Teig warm stellen.   **2** Am nächsten Tag wiederum 100 Milliliter Wasser und 100 Gramm Weizenmehl mit dem angefrischten Restteig verrühren, diesen wieder warm stellen.   **3** Am dritten Tag das Mehl in eine Schüssel sieben und eine Mulde in die Mitte drücken, in diese den Sauerteig, das restliche Wasser, Salz und Gewürze geben. Von der Mitte her alle Zutaten verarbeiten, den Teig ca. 10 Minuten kneten, ihn mit warmem Wasser abstreichen und zugedeckt 3 bis 5 Stunden warm stellen.   **4** Wenn der Teig aufgegangen ist, diesen auf die bemehlte Arbeitsfläche heben, einen runden Laib formen und auf ein bemehltes Backblech setzen, etwas Mehl darauf streuen und zugedeckt 1 Stunde warm stellen.   **5** Das Backrohr auf 250 °C vorheizen, den Teigling mit der (angewärmten) Milch abstreichen und die Gewürze darüber streuen. Das Backblech auf die untere Schiebeleiste setzen, eine Tasse heißes Wasser in das Backrohr gießen, das Brot 10 Minuten bei 230 °C anbacken. Die Temperatur auf 200 °C reduzieren, und das Brot weitere 50 Minuten bis 1 Stunde backen.

Siebenbürger Bauernbrot

Zutaten

200 g Restteig (oder Weizenvollsauer, siehe S. 66f.) · 125 ml lauwarmes Wasser (entfällt bei Verwendung von Weizenvollsauer) · 200 g gekochte, geschälte Kartoffeln · ca. 400 ml Wasser · 5 gestrichene TL Salz 750 g Weizenmehl Type 550 · Streumehl

Zubereitung

1 Zwei Tage vor dem Backtag den Restteig mit 125 Milliliter lauwarmem Wasser verdünnen und zugedeckt an einen warmen Ort stellen. **2** Am nächsten Abend die gekochten, geschälten Kartoffeln durch die Kartoffelpresse drücken und die Hälfte davon sorgfältig unter den verdünnten Restteig mengen, wiederum zugedeckt über Nacht im Warmen stehen lassen. **3** Am Backtag 400 Milliliter angewärmtes Wasser zum verdünnten Restteig gießen, mit dem jetzt auch das Salz, die restlichen Kartoffeln und das Mehl vermengt werden. **4** Diesen Teig kräftig kneten, bis er sich elastisch anfühlt und Blasen wirft. Mit Mehl bestreut und zugedeckt für 2 Stunden warm stellen. **5** Hat er deutlich an Volumen zugenommen, auf die bemehlte Arbeitsfläche heben, in zwei gleiche Teile teilen, jeden Teil kurz durchkneten und je einen runden Laib formen. Die Teiglinge mit lauwarmem Wasser abstreichen. **6** Das Backrohr auf 230 °C aufheizen, das Backblech auf die untere Schiebeleiste setzen und das Brot 10 Minuten lang anbacken. Die Hitze auf 200 °C reduzieren und das Brot noch weitere 50 Minuten backen.

Gekochte Kartoffeln (eine auf dem Land weit verbreitete Teigzutat) halten das Brot länger frisch. Nach demselben Rezept lässt sich auch Griebenkuchen backen.

Anmerkung

Aus dem übrig gebliebenen Teig machte man im Sommer Krautbrötchen (siehe S. 70). Eine besondere Köstlichkeit war auch der so genannte Griebenkuchen. Dafür verwendete die Bäuerin frischen Schweinespeck, drehte ihn durch den Fleischwolf und mengte ihn unter den Brotteig. Das Verhältnis von Speck und Teig sollte man je nach Geschmack selbst bestimmen. Der fertige Teig wird (wie für einen Blechkuchen) flach gedrückt und auf dem Blech so lange gebacken, bis er hellbraun ist.

Griebenkuchen

Zutaten

500 g Brotteig (laut Rezept für Siebenbürger Bauernbrot, siehe S. 69)
ca. 100 g frischer Schweinespeck · Salz · Streumehl

Zubereitung

1 Den Speck durch den Fleischwolf drehen, nach Geschmack salzen und gut mit dem Brotteig vermengen.　**2** Den Teig auf die bemehlte Arbeitsfläche legen und zu einem Rechteck flach drücken. Den Fladen auf ein bemehltes Backblech legen.　**3** Das Backrohr auf 230 °C vorheizen, das Backblech auf die mittlere Schiebeleiste setzen und den Griebenkuchen bei 200 °C 25 Minuten backen.

Mit denselben Zutaten wie für das Siebenbürger Bauernbrot und zusätzlich etwas frischem Schweinespeck sowie Salz und Streumehl lässt sich ein sehr deftiges und schmackhaftes Brot zubereiten: der Griebenkuchen.

Misch- und Roggenbrote mit Sauerteig und Hefe

Mehrkornbrot

Zutaten

250 g Vollsauer (nach Belieben aus Roggen- oder Weizenvollkornmehl siehe S. 66) · 200 g Vollroggenmehl · 200 g Volldinkelmehl · 200 g Weizenmehl Type 1050 · 1 Würfel Hefe · ca. 460 ml lauwarmes Wasser 4 gestrichene TL Salz · 4 EL Sonnenblumenkerne · 2 EL Kümmel (alternativ Koriander oder Fenchel) · Streumehl

Zubereitung

1 Die Hälfte des lauwarmen Wassers zu dem Sauerteig gießen, die Hefe darin auflösen, 100 Gramm von dem Volldinkelmehl dazugeben und alle Zutaten sorgfältig verrühren. Diesen Vorteig 20 bis 30 Minuten warm stellen.　**2** Danach das restliche Mehl mit dem Salz, den Gewürzen und den Sonnenblumenkernen in einer Schüssel mischen, den Vorteig und das restliche lauwarme Wasser dazugießen und alles gut verrühren. Den Teig 5 Minuten bearbeiten, mit Mehl bestreuen und zugedeckt 1 Stunde warm stellen.   **3** Den Teig auf die bemehlte Arbeitsfläche heben, durchkneten und zu einem langen Wecken formen, diesen mit dem Schluss nach oben auf das Backblech legen.   **4** Das Backrohr auf 250 °C vorheizen, das Backblech auf die untere Schiebeleiste setzen und das Brot 10 Minuten anbacken. Die Hitze auf 220 °C reduzieren und das Brot noch 50 Minuten backen.

Schrotbrot aus der Mark Brandenburg

Zutaten

500 g Roggenschrot Type 1800 · 1 l kochendes Wasser · 100 g Vollsauer
20 g Hefe · 75 ml lauwarmes Wasser · 100 g Weizenmehl Type 1050
4 gestrichene TL Salz · Streumehl

Zubereitung

1 Am Vorabend vor dem Backtag den Roggenschrot mit dem kochenden Wasser überbrühen und beides zu einem Brei verrühren. Wenn dieser auf »Handwärme« abgekühlt ist, den Sauerteig darunter mengen, reichlich Mehl darüber streuen und diesen Vorteig über Nacht zugedeckt im Warmen stehen lassen.   **2** Am nächsten Tag die Hefe in dem lauwarmen Wasser auflösen, 100 Gramm Weizenmehl dazurühren und diesen Teig 20 bis 30 Minuten warm stellen.
3 Wenn der Weizenteig aufgegangen ist, diesen samt dem Salz und dem restlichen Mehl unter den Roggenteig mengen. Den Teig sorgfältig etwa 5 Minuten bearbeiten, anschließend auf die bemehlte Arbeitsfläche legen und teilen.   **4** Die eine Hälfte zu einer Rolle formen, in die gefettete und bemehlte Kastenform legen, mit lauwarmem Wasser einpinseln und zugedeckt ca. 90 Minuten warm stellen. Mit dem Rest kann man genauso verfahren oder ihn, wenn er nicht gleich verwertet werden soll, einfrieren.   **5** Das Backrohr 30 Minuten bei 200 °C vorheizen, die Kastenform auf die unterste Schiebeleiste setzen und das Brot bei 170 °C 2 Stunden backen. Sollte die Kruste zu dunkel werden, decken Sie sie mit Alufolie ab.

Die alten Kernländer des Schrotbrotes waren Westfalen und Niedersachsen. Ostkolonisation und Hanse verbreiteten es später im ganzen Ostseebereich.

Bauernbrot (von der bayerisch-schwäbischen Sprachgrenze)

Dieses aus dem süddeutschen Raum stammende Bauernbrot aus Sauerteig ist mit Fenchel, Kümmel und Koriander gewürzt.

Das Originalbrot schmeckte so gut, dass der Bäcker des Ortes der Bäuerin, von der das Rezept stammte, einen Tausch vorschlug: ihr Hausgebackenes gegen sein Bäckerbrot. Unter dem Protest der Familie wurde das Abkommen wieder annulliert. Verantwortlich für das Aroma war teils die Holzfeuerung, teils das Quellwasser, das vor dem Haus in einem Trog aufgefangen wurde.

Zutaten

100 g Restteig · 700 g Roggenmehl Type 1370 · 300 g Weizenmehl Type 1050 · 20 g Hefe · ca. 850 ml lauwarmes Wasser · 4 gestrichene TL Salz · 1 EL Kümmel · 2 EL grob gemahlener Fenchelsamen · 2 EL fein gemahlener Koriander · Streumehl

Zubereitung

1 Am Vorabend das Mehl in eine Schüssel sieben und gut vermischen. Den Restteig mit ein wenig lauwarmem Wasser verdünnen, eine Mulde in die Mitte des Mehls drücken, den verdünnten Restteig hineingießen und etwas von dem Mehl darunter mischen. Dieser Vorteig, der nicht zu dick sein sollte, bleibt zugedeckt über Nacht im Warmen stehen.   **2** Am nächsten Morgen die Hefe in etwas Wasser auflösen (von der Gesamtmenge des Wassers abnehmen) und dieses mit dem Vorteig vermengen. Den Teig wieder 30 Minuten gehen lassen.   **3** Das restliche Wasser zu dem Vorteig gießen, Salz und Gewürze dazugeben und alle Zutaten von der Mitte her gut miteinander vermengen. Den Teig kneten, bis er »von den Händen fällt«.   **4** Den Teig auf die bemehlte Arbeitsfläche legen, noch einmal kurz durchkneten und einen runden Laib formen. Den Laib auf ein bemehltes Backblech setzen, mit lauwarmem Wasser abstreichen und noch einmal 20 Minuten gehen lassen.   **5** Das Backrohr auf 250 °C vorheizen, das Blech auf die untere Schiebeleiste setzen und das Brot 10 Minuten anbacken. Dann die Hitze auf 200 °C reduzieren und das Brot noch 70 bis 80 Minuten backen. Sollte die Kruste zu dunkel werden, das Brot mit Alufolie abdecken.

Hessisches Korbbrot

Zutaten

1 kg Roggenmehl Type 1370 · ca. 900 ml lauwarmes Wasser · 100 g Sauerteig · 40 g Hefe · 5–6 gestrichene TL Salz · 2 El Kümmel · Steumehl

Zubereitung

1 Am Vorabend die Hälfte des Mehls in eine Schüssel sieben, mit dem Wasser vermengen, den Sauerteig darunter mischen und alles zu einem sämigen Brei verrühren. Diesen über Nacht zugedeckt warm stellen.   **2** Am nächsten Tag die Hefe dazugeben und gut mit dem Teig verrühren. Nach 30 Minuten das restliche Mehl, das Salz und den Kümmel dazuschütten und alles zu einem glatten Teig verarbeiten. Diesen mit Mehl bestreuen und 2 1/2 Stunden zugedeckt warm stellen.   **3** Zwei Gärkörbchen mit Mehl ausstreuen, den Teig auf die bemehlte Arbeitsfläche legen, in zwei Portionen teilen, je einen runden Laib formen, mit dem Schluss nach unten in die Gärkörbe legen und noch einmal ungefähr 1 Stunde im Warmen gehen lassen.   **4** Inzwischen das Backrohr auf 250 °C vorheizen, die Teiglinge auf ein bemehltes Backblech stürzen und noch 30 Minuten gehen lassen. Die Brote auf der unteren Schiebeleiste bei 180 °C etwa 90 Minuten backen.   **5** Die Brote mit Wasser bestreichen und bei ausgeschaltetem Backrohr noch 5 bis 10 Minuten in der Nachwärme im Rohr lassen.

Das Hessische Korbbrot ist ein reines Roggenbrot. Die Verwendung von Gärkörben verhindert, dass die Teiglinge bei der Stückgare auseinander laufen.

Roggenbrote mit Sauerteig

Ostpreußisches Brühbrot (aus dem Kreis Tilsit)

Zutaten

200 g Restteig · 800 g Roggenschrot (grob gemahlen) · ca. 750 ml kochendes Wasser · 125 ml lauwarme Buttermilch · 7 gestrichene TL Salz · 3 EL Dillsamen · Streumehl (Schrot) · pro Laib 4 große Kohlblätter

Zubereitung

Die Kohlblätter sorgen für ein besonderes Brotaroma und für die angemessene Feuchtigkeit im Backofen. Zu den Brotplätzchen aus dem Restteig trank man früher gerne ein Glas kalte Milch.

1 Am Vorabend des Backtages 600 Gramm Roggenschrot mit dem kochenden Wasser überbrühen, beides sorgfältig vermengen und darauf achten, dass sich alle Klumpen auflösen. Diesen Brei auf Handwärme abkühlen lassen. **2** Den Restteig mit der Buttermilch verdünnen, glatt rühren und gut mit dem Brühstück vermengen. **3** Diesen Teig dick mit Roggenschrot bestreuen und zugedeckt über Nacht warm stellen. **4** Am nächsten Morgen sollte der Teig den Schrot völlig aufgenommen haben. Nun den restlichen Roggenschrot, das Salz und den Dillsamen darüber streuen und alles zu einem Teig verkneten, bis dieser »spricht« (schmatzende Geräusche von sich gibt!). Den fertigen Teig mit lauwarmem Wasser abstreichen, zudecken und sehr warm (am besten im Backrohr bei einer Temperatur von 30 bis 35 °C) 2 Stunden gehen lassen. **5** Der Teig sollte jetzt sichtbar an Volumen zugenommen haben. Auf die bemehlte Arbeitsfläche heben, in zwei Portionen teilen und jede zu einem runden Laib formen. Je vier Kohlblätter auf ein Backblech legen und die Teiglinge mit dem Schluss nach unten auf die Kohlblätter legen. **6** Das Backrohr mindestens 30 Minuten auf 270 °C vorheizen. Das Backblech auf die untere Schiebeleiste setzen, eine Tasse heißes Wasser ins Rohr gießen und die Tür sofort schließen. Das Brot 10 Minuten anbacken, dann die Hitze auf 220 °C reduzieren und noch 1 weitere Stunde backen.

Anmerkung

Aus dem restlichen Teig machte die Bäuerin kleine runde »Brotplätzchen«, die schwimmend in Fett ausgebacken wurden.

Roggenbrot (Variante eines Rezepts aus der Fränkischen Schweiz)

Zutaten

100 g Restteig (oder Vollsauer) · 1 kg Roggenmehl Type 1370

ca. 900 ml lauwarmes Wasser · 5 gestrichene Tl. Salz · 2 EL Fenchelsamen

1 EL Anissamen · Mohn zum Bestreuen · Streumehl

Zubereitung

1 Vier Tage vor dem Backtag den Restteig mit 50 Milliliter Wasser (von der Gesamtmenge abnehmen) in einer großen Schüssel verdünnen, mit 50 Gramm Mehl verrühren und zugedeckt warm stellen. **2** *2. Tag:* Dieselbe Prozedur wiederholen, den Teig wieder warm stellen. **3** *3. Tag:* Wie am 1. und 2. Tag verfahren und den Teig wiederum zugedeckt warm stellen. **4** *4. Tag:* Das restliche Wasser zu dem angefrischten Sauerteig geißen, das Mehl dazusieben, Salz und Gewürze hinzufügen und alle Zutaten zu einem pastenartigen Teig verkneten. Den Teig sorgfältig etwa 10 Minuten lang durcharbeiten. **5** Den Teig mit Mehl bestreuen und zugedeckt 1 1/2 Stunden lang warm stellen. **6** Den Teig auf die bemehlte Arbeitsfläche heben, einen runden Laib daraus formen, den Laib in die bemehlte Backschüssel zurücklegen, mit warmem Wasser abstreichen und wiederum gehen lassen. **7** Das Backrohr 30 Minuten vor dem Einschießen auf 250 °C vorheizen, den Teigling auf ein bemehltes Backblech setzen, mit warmem Wasser abstreichen und dicht mit Mohn bestreuen. Das Blech auf die untere Schiebeleiste setzen, eine Tasse heißes Wasser ins Backrohr gießen und die Tür sofort schließen. Das Brot bei 250 °C 10 Minuten anbacken, die Temperatur im Backrohr auf 200 °C reduzieren und das Brot noch eine weitere Stunde backen.

Zur Erinnerung

Wie für jedes andere Sauerteigbrot gilt auch hier: Wenn der Teig am Ende der Gärzeit nicht um ein Viertel bis ein Drittel seines ursprünglichen Volumens zugenommen hat, sollten Sie noch etwas in Wasser aufgelöste Hefe und etwas Mehl zusetzen und den Teig noch einmal eine Zeit lang im Warmen gehen lassen.

Der Ruhm des fränkischen Bauernbrotes ist berechtigt. Die hier vorgestellte Variante ist dick mit Mohn bestreut.

Roggenschrotbrot (Korbbrot)

Zutaten

200 g Roggenbackschrot · 500 ml kochendes Wasser · 400 g Roggenvollkornschrot (mittelfein gemahlen) · 100 g Weizenmehl Type 550 (Manitoba)
100 g Sauerteig · 2 EL gemahlener Kümmel · 100 g Roggenschrot
(mittelfein) · 4 gestrichene TL Salz · ca. 50 g Streumehl (Roggenschrot)

Zubereitung

Zusammen mit dem Streumehl kann man auch Gewürze in den Gärkorb streuen. Die Gewürze bleiben auf diese Art gut an der Brotkruste haften.

1 Am Abend des 1. Tages 200 Gramm Roggenbackschrot mit dem kochenden Wasser übergießen, den Brei über Nacht zugedeckt im Warmen stehen lassen. **2** Bei entsprechender Temperatur (nicht unter 25 °C) riecht der Brei bereits säuerlich. Am Abend des 2. Tages den Roggenschrot, das Weizenmehl, den Sauerteig und den gemahlenen Kümmel dazurühren und diesen Teig mit Mehl bestreut zugedeckt wiederum über Nacht im Warmen stehen lassen. **3** Am nächsten Tag den deutlich sauren Teig, der sein Volumen fast verdoppelt hat, mit weiteren 100 Gramm Roggenschrot und dem Salz vermengen. **4** Den Teig auf die bemehlte Arbeitsfläche heben, kurz durchkneten, einen runden Laib daraus formen, diesen in den reichlich mit Mehl oder Schrot ausgestreuten Gärkorb legen und noch 30 Minuten im Warmen gehen lassen. **5** Das Backrohr auf 270 °C vorheizen, den Teigling auf das bemehlte Backblech stürzen und auf die untere Schiebeleiste setzen. Nach 10 Minuten die Hitze auf 230 °C reduzieren und das Brot noch 60 bis 70 Minuten backen.

Schwiebuser Hausbrot (aus der Mark Brandenburg)

Zutaten

200 g Restteig · ca. 1 l lauwarmes Wasser · 800 g Roggenmehl Type 1370
200 g Roggenbackschrot · 4 gestrichene TL Salz · Streumehl

Zubereitung

1 Den Sauerteig mit etwa einem Drittel des Wassers verdünnen und glatt rühren. Diesen Teig 3 Stunden zugedeckt im Warmen stehen lassen. **2** Dann das zweite Drittel des Wassers dazugießen und so viel Roggenmehl dazumengen, dass ein knetbarer Teig entsteht. Von diesem 200 Gramm abnehmen und für den nächsten Backtag aufbewahren. Den übrigen Teig für 4 bis 5 Stunden oder auch über Nacht (mit Mehl bestreut und zugedeckt) warm stellen. **3** Danach den Rest des Wassers und des Mehls sowie Backschrot und Salz dazugeben und einige Minuten lang alle Zutaten sorgfältig vermengen. Den Teig (wiederum mit Mehl bestreut) 1 Stunde warm stellen, auf die bemehlte Arbeitsfläche heben, einen Wecken daraus formen und diesen auf das bemehlte Backblech setzen. **4** Den Teigling mit warmem Wasser abstreichen und 30 Minuten im Warmen gehen lassen. Das Backrohr auf 270 °C vorheizen, das Blech auf die untere Schiebeleiste setzen, eine Tasse heißes Wasser in das Backrohr gießen und die Tür sofort schließen. Das Brot 10 Minuten anbacken, dann die Hitze auf 200 °C reduzieren und das Brot noch 70 Minuten backen.

Anmerkung

Im ehemals in Ostbrandenburg (heute Polen) gelegenen Schwiebus machte man aus einem Restteig gerne einen »Platz«. Der Teig wurde flachgedrückt und im Herbst mit Pflaumen belegt, im Winter mit Kümmel bestreut.

Auch das Schwiebuser Hausbrot lässt sich variieren, indem man den flach gedrückten Teigling beispielsweise mit Kümmel bestreut oder auch mit Pflaumen belegt.

Das Schwiebuser Hausbrot ist nach einem alten, traditionellen Rezept aus der Mark Brandenburg gebacken.

Flachbrote

Roggenflachbrot

Zutaten

250 g Roggenmehl Type 815 · 500 g Roggenvollkornschrot · 100 g Sauerteig
ca. 750 ml lauwarmes Wasser · 3 gestrichene TL Salz · Streumehl
gemahlene Haferflocken zum Bestreuen des Backblechs

Zubereitung

Im Norden Deutschlands, wie auch in Skandinavien, dominiert das Roggenbrot, denn Roggen ist relativ unempfindlich gegen das raue Klima.

1 Am Vorabend des Backtags Mehl und Schrot in einer Schüssel vermischen, den Sauerteig mit 125 Milliliter Wasser verdünnen und glatt rühren. Das Salz im restlichen Wasser auflösen, diese Flüssigkeit und den Sauerteig mit dem Mehlgemisch vermengen und einige Minuten gut durcharbeiten. Den Teig mit Mehl bestreuen und über Nacht mit einem Tuch zugedeckt warm stellen. **2** Am nächsten Morgen den Teig in zwei Teile teilen und jeweils eine Hälfte auf einem bemehlten Geschirrtuch messerrückendünn auswalken. Den Teig mit Mehl bestreuen und einrollen. Das funktioniert am besten, indem man das Geschirrtuch (wie bei einem Ziehstrudel) an einer Ecke anhebt und dann auf das mit Haferflocken bestreute Backbleck wieder entrollt. **3** Mit dem Messerrücken ein Gitter in den Teig eindrücken (nicht schneiden, da der Teig sich dabei leicht verschiebt). Entlang dieser Linien lässt sich das fertig gebackene Brot später gut brechen. **4** Das Backrohr auf 180 °C vorheizen, den Teig mit warmem Wasser abstreichen, das Blech auf die obere Schiebeleiste setzen und das Brot etwa 10 Minuten backen. Es darf jedoch keine dunklere Färbung als eine leicht hellbraune bekommen, da es sonst bitter schmeckt. Mit der zweiten Teighälfte anschließend ebenso verfahren wie mit der ersten.

Hirseflachbrot

Zutaten

200 g Hirsemehl · 300 g Weizenmehl Type 1050 · 1 schwach gehäufter
TL Salz · 30 g Hefe · ca. 250 ml lauwarmes Wasser · Streumehl

Zubereitung

1 Hirse- und Weizenmehl in einer Schüssel gut mit dem Salz vermengen. Die Hefe im Wasser auflösen und gut verrühren. Mehl und Wasser zu einem festen Teig verarbeiten. Den Teig zu einer Kugel formen, mit Mehl bestreuen und 45 Minuten zugedeckt warm stellen. **2** Das Backblech mit ungemahlener Hirse bestreuen, den Teig darauf heben und flach drücken. Den Teigling mit warmem Wasser abstreichen und das Backrohr auf 230 °C vorheizen. Das Backblech auf die mittlere Schiebeleiste setzen und das Brot 10 Minuten anbacken. Die Hitze auf 200 °C reduzieren und das Brot noch 20 Minuten backen.

Vollreis-Knäckebrot

Zutaten

100 g Vollreismehl · 150 g Weizenmehl Type 1050 · 1/2 TL Salz
15 g Hefe · 5 EL Wasser zum Auflösen der Hefe · 125 ml lauwarmes Wasser
Streumehl · Öl zum Einpinseln des Backblechs

Zubereitung

1 Reis- und Weizenmehl samt Salz in einer Schüssel mit dem Schneebesen gut vermengen. **2** Die Hefe in 5 Esslöffeln Wasser auflösen und gut verrühren. **3** Das lauwarme Wasser und das Hefewasser gut mit dem Mehlgemisch vermengen. Diesen Teig einige Minuten kneten, mit Mehl bestreuen und 1 Stunde zugedeckt warm stellen. **4** Das Backblech mit Öl einpinseln, den Teig darauf heben, mit Mehl bestreuen und flach drücken (ca. 3 Millimeter dick). **5** Das Backrohr auf 200 °C vorheizen, den Teig mit warmem Wasser abstreichen, das Blech auf die obere Schiebeleiste setzen und das Brot etwa 15 Minuten backen. Es darf allenfalls goldgelb werden. Das fertige Brot lässt sich gut brechen.

Anmerkung

Es ist wichtig, den Teig gleichmäßig auf das Blech aufzutragen, da es sonst zu einer ungleichmäßigen Bräunung kommt. Die dünnen Stellen verbrennen, bevor die dickeren Farbe angenommen haben.

Für Flachbrote vom Typ des Knäckebrotes eignet sich auch ein Zusatz von Mehlen aus Nichtbrotgetreide wie beispielsweise Hirse oder Reis.

Sardisches Flachbrot (pane carasau)

Zutaten

100 g Weizenmehl Type 1050 · 100 g feiner Weizengrieß · 15 g Hefe
4 El lauwarmes Wasser zum Auflösen der Hefe · ca. 125 ml lauwarmes
Wasser · 1 gestrichener Tl Salz · Streumehl · etwas Öl

Hauchdünn und splittrig, ist sardisches Flachbrot ein guter Ersatz für die industriell gefertigten Kartoffelchips. Der Teig kann vor dem Backen auch mit Olivenöl bepinselt und dann mit Gewürzen bestreut werden.

Zubereitung

1 Mehl und Grieß mit dem Schneebesen gut mischen. Die Hefe in 4 Esslöffeln lauwarmem Wasser, das Salz im restlichen Wasser auflösen. Eine Mulde in die Mehl-Grieß-Mischung drücken, die aufgelöste Hefe und das Wasser in die Mulde gießen und alle Zutaten mit dem Kochlöffel kräftig durcharbeiten (von Hand etwa 5 Minuten). **2** Wenn sich der Teig von der Schüsselwand löst, herausheben, die Schüsselwand mit Öl einstreichen und den Teig in die Schüssel zurücklegen. Den Teig mit 2 Esslöffeln Mehl bestreuen und über Nacht an einem warmen Platz stehen lassen. Dazu das Backrohr 10 Minuten lang auf 50 °C aufheizen und die Teigschüssel (in Geschirrtücher verpackt) hineinstellen. Über Nacht dort stehen lassen. **3** Am nächsten Morgen hat der Teig ein volles Aroma entwickelt. Den Zeitpunkt der größten Volumenentwicklung hat er allerdings längst überschritten. Nun die Arbeitsplatte bemehlen, den Teig darauf heben, die Handflächen einölen, den Teig kurz durchkneten und in vier Portionen teilen. Den Backofen 30 Minuten bei 270 °C vorheizen. **4** Die vier Teiglinge messerrückendünn auswalken und jeweils zwei auf ein bemehltes Backblech legen. Im Backrohr auf die mittlere Schiebeleiste setzen und das Brot bei 250 °C 8 bis 10 Minuten backen. Dabei wirft der Teig Blasen, geht insgesamt aber nicht mehr auf. Er darf auf keinen Fall braun werden, sondern allenfalls dunkel ockerfarben, da das fertige Gebäck sonst sehr schnell verbrannt schmeckt.

Anmerkung

In seinem Herkunftsort auf Sardinien wird dieses knusprige Flachbrot wesentlich umständlicher in mehreren Arbeitsprozessen hergestellt. Die hier vorgestellte Rezeptur kürzt das Verfahren erheblich ab.

Brote mit pflanzlichen und anderen Zusätzen

Die Kombination von Brotteig und anderen Lebensmitteln wie Kartoffeln, Grieben, Nüssen, Oliven oder Zwiebeln ist weit verbreitet. Brotpuristen werden sie ablehnen, obwohl solche Brote ausgezeichnet schmecken und oft ohne weiteres auf einen Belag verzichten können.

Brote mit pflanzlichen oder anderen Zusätzen lassen sich immer wieder variieren und sind der Renner auf Partys, beim Brunch oder beim Picknick.

Böhmisches Kartoffelbrot (tschechisch »Bramborka«)

Dieses Rezept ist rekonstruiert, das Ergebnis entspricht jedoch der Erinnerung eines tschechischen Kulturzeugen.

Zutaten

150 g Roggenmehl Type 1370 · 150 g Dinkelmehl · ca. 185 ml lauwarmes Wasser · 200 g rohe, geriebene mehlige Kartoffeln · 3 EL dickflüssiger Sauerteig · 1 EL Kümmel oder Majoran · 40 g Hefe · 5 EL lauwarmes Wasser · 200 g Weizenmehl Type 405 · 2–3 gestrichene TL Salz · Streumehl

Zubereitung

1 Am Vorabend des Backtages die beiden Mehle in eine Schüssel sieben und vermischen. In eine Mulde das lauwarme Wasser, die geriebenen Kartoffeln, 3 Esslöffel dickflüssigen Sauerteig und den Kümmel oder Majoran geben, den Teig mit Mehl bestreuen und zugedeckt über Nacht im Warmen gehen lassen. **2** Am nächsten Morgen die Hefe in 5 Esslöffeln Wasser auflösen, in den Teig rühren und noch 200 Gramm Weizenmehl und Salz in den Teig arbeiten. **3** Diesen Teig kneten, bis er sich von der Schüsselwand löst, auf die bemehlte Arbeitsfläche heben und einen Laib formen. Diesen Teigling auf das bemehlte Backblech legen, mit warmem Wasser abstreichen und 20 Minuten im Warmen gehen lassen. **4** Das Backrohr auf 275 °C vorheizen, das Blech auf die untere Schiebeleiste setzen und das Brot 10 Minuten anbacken. Die Hitze auf 230 °C reduzieren und das Brot weitere 40 Minuten backen.

Nussbrot (Variante eines Originalrezeptes aus dem Elsass)

Zutaten

100 g Sauerteig (Restteig oder Vollsauer, siehe S. 64f.) · 60 ml lauwarmes Wasser · 40 g Roggenmehl Type 1370 · 400 g Roggenmehl Type 815 200 g Weizenmehl Type 550 · ca. 460 ml lauwarmes Wasser · 3 gestrichene TL Salz · 200 g gehackte Walnüsse · Streumehl

Zubereitung

Der nussige Geschmack dieses Brotes ist etwas ganz Besonderes. Es passt ausgezeichnet zu jedem Weißwein, nicht nur zum Elsässer Edelzwicker!

1 Vier Tage vor dem Backen den Restteig mit dem lauwarmen Wasser und dem Roggenmehl vermengen und über Nacht mit einem Tuch abgedeckt warm stellen. Am nächsten und übernächsten Tag diese Prozedur wiederholen. **2** Am vierten Tag Roggenmehl und Weizenmehl in eine Schüssel sieben, das Salz und die Nüsse dazugeben und alles gut vermengen. In der Mitte eine Mulde eindrücken, den Sauerteig und das lauwarme Wasser hineingeben und alle Zutaten von der Mitte her gut vermengen. Den Teig bearbeiten, bis er nicht mehr klebt. Mit Mehl bestreuen und zugedeckt mit einem Tuch eine Stunde warm stellen. **3** Den Teig auf die bemehlte Arbeitsfläche legen und zu einem länglichen Wecken formen. Diesen auf das bemehlte Backblech legen, mit Mehl bestreuen und wiederum 30 Minuten im Warmen stehen lassen. **4** Das Backrohr auf 220 °C vorheizen. Den Teigling vor dem Einschießen mit lauwarmem Wasser einstreichen und auf die untere Schiebeleiste setzen. Nach 15 Minuten die Hitze auf 200 °C reduzieren und das Brot weitere 50 Minuten backen.

Cyprisches Käse-Zwiebel-Brot (vom türkischen Teil der Insel)

Zutaten

ca. 700 ml lauwarmes Wasser · 40 g Hefe · 10 g Zucker · 1 kg Weizenmehl Type 550 · 3 gestrichene TL Salz · Streumehl · 200 g gewürfelter Schafkäse (oder ein anderer aromatischer Schnittkäse, z. B. Allgäuer Bergkäse) 1 große Zwiebel · Kleie (oder ein beliebiger grob gemahlener Schrot) zum Bestreuen des Backblechs

Zubereitung

1 Etwas von dem Wasser abnehmen und die Hefe und den Zucker darin verrühren. Das Mehl in eine Schüssel sieben, eine Mulde in die Mitte drücken, das Hefewasser hineingießen und mit ein wenig Mehl verrühren. **2** Die Schüssel ca. 30 Minuten zugedeckt warm stellen. **3** Das Salz im restlichen Wasser auflösen und zum Vorteig gießen. Alles gut vermengen und den Teig 10 Minuten kräftig kneten. Mit Mehl bestreuen und zugedeckt ca. 40 Minuten warm stellen. **4** Wenn der Teig gut aufgegangen ist, den gewürfelten Käse und die klein geschnittene Zwiebel hineinmengen, den Teig in zwei Portionen teilen, zwei runde Laibe formen und auf zwei mit Kleie oder Schrot bestreute Bleche legen. **5** Das Backrohr auf 250 °C vorheizen. Den einen Teigling etwas flach drücken, mit Wasser abstreichen und das Blech auf die untere Schiebeleiste setzen. Die Hitze auf 220 °C reduzieren, das Brot 10 Minuten anbacken und dann bei 200 °C weitere 40 Minuten backen. Passen in das Backrohr keine zwei Bleche, den zweiten Teigling kühl stellen, bis er gebacken werden kann.

Variante

Statt Käse und Zwiebel können Sie auch schwarze Oliven unter den Brotteig mischen.

Auf Zypern wird dieses würzige Brot traditioneller Weise noch im Holzofen gebacken.

Eine Spezialität aus dem türkischen Teil Zyperns: ein Flachbrot, in das Schafskäse und Zwiebelwürfel eingebacken sind.

83

Zucchinibrot (Kastenbrot)

Zutaten

Für den Vorteig

1 Würfel Hefe · 70 ml lauwarmes Wasser · 60 g Weizenmehl Type 405

Für den Hauptteig

600 g Weizenmehl Type 405 · 200 g Zucchini · 3 gestrichene TL Salz ca. 420 ml lauwarmes Wasser · Streumehl · etwas Butter oder Öl für die Form

Zubereitung

Gemüsezusätze sollten nicht mehr als etwa 30 Prozent der Mehlmenge betragen, sonst wird die Krume zu klebrig.

1 Für den Vorteig die Hefe in dem lauwarmen Wasser auflösen und mit dem Weizenmehl vermengen, 20 bis 30 Minuten warm stellen. **2** Das Mehl in eine Schüssel sieben, die ungeschälten, geraspelten Zucchini und das Salz dazugeben und gut mit dem Mehl vermischen. Eine Mulde in das Mehlgemisch drücken, den (aufgegangenen) Vorteig und das Wasser hineingießen und alle Zutaten gut vermengen. Den Teig 5 Minuten kneten, mit Mehl bestreuen und zugedeckt 30 Minuten warm stellen. **3** Den Teig auf die bemehlte Arbeitsfläche heben, kurz durchkneten, einen länglichen Wecken formen, diesen mit dem Schluss nach unten in die eingefettete Kastenform legen und den Teigling noch einmal kurz im Warmen gehen lassen. **4** In der Zwischenzeit das Backrohr auf 230 °C vorheizen, die Kastenform auf den Rost (mittlere Schiebeleiste) setzen und das Brot bei 200 °C 40 Minuten backen. **5** Kurz vor dem Ausschießen die Kruste je nach Geschmack mit zerlassener Butter einpinseln oder mit kaltem Wasser abstreichen. Wem Unter- und Seitenkrusten noch zu blass erscheinen, der kann das Brot aus dem Kasten herausnehmen und so lange weiterbacken, bis die gewünschte Bräunung erreicht ist.

Anmerkung

Wie bei Brotteigen mit Zwiebeln (siehe S. 82) oder Kartoffeln (siehe S. 69 und S. 91) sorgt die Gemüsekomponente dafür, dass das Brot länger frisch bleibt. Bei den Brotpuristen werden Gemüsezusätze vermutlich wenig Sympathie finden, umso mehr aber bei denen, die Brot als Dickmacher fürchten.

Fettgebackenes

Zum Frittieren nimmt man kein geschmacksneutrales Plattenfett. Die Bäuerinnen verwendeten Schweine- oder Butterschmalz. Man kann sich auch mit Sonnenblumenöl behelfen. Für einen Topf mit 25 Zentimetern Durchmesser benötigt man 1 1/2 bis 2 Liter flüssiges Fett.

Bayerische Schux'n

Das Wort erklärt eine oberbayerische Bäuerin als Ableitung von dem Verb »schux'n«, das so viel heißt wie schubsen. Der Teig wird mit den Handballen zu einem flachen Fladen »geschuxt«.

Zutaten

100 g Sauerteig (Restteig oder Vollsauer, siehe S. 64f.) · ca. 400 ml warme Milch · 250 g Weizenmehl Type 550 · 250 g Roggenmehl Type 1370 · 50 g Topfen · 2 gestrichene TL Salz · Streumehl · Butterschmalz zum Ausbacken

Zubereitung

1 Am Vorabend den Sauerteig mit ca. 100 Milliliter Milch verdünnen und glatt rühren, die Mehle in eine Schüssel sieben und gut miteinander vermischen. In die Mitte eine Mulde drücken, in diese den verdünnten Sauerteig gießen und mit etwas Mehl zu einem dickflüssigen Teig verrühren. Diesen Vorteig mit etwas Mehl bestreut zugedeckt im Warmen gehen lassen. **2** Am nächsten Tag den Topfen, die restliche Milchmenge und das Salz unter den Vorteig mengen und alle Zutaten von der Mitte her mit dem Mehl verarbeiten. Einige Minuten kneten und zugedeckt 1 Stunde warm stellen. **3** Den Teig auf die bemehlte Arbeitsfläche heben und mit einem Suppenlöffel Stücke in der Größe eines mittelgroßen Apfels abstechen. Jeden Teil vorsichtig und kurz durchkneten und zu einem ovalen, etwa 1 Zentimeter dicken Fladen flach drücken. Die Fladen noch einmal etwa 30 Minuten im Warmen gehen lassen. **4** Das Fett auf 180 °C erhitzen und die Schux'n auf beiden Seiten goldbraun ausbacken.

Besonders gut vertragen sich Vollkornteige und heißes Fett – technologisch wie geschmacklich. Oft wurde daher am Brotbacktag der Restteig für Fettgebackenes verwendet.

Ungarischer Langos

Dieses Fettgebackene entsprach dem »Flammkuchen« der Donauschwaben, die in nächster Nachbarschaft zu den Ungarn lebten.

Zutaten

100 g Weizensauerteig (Restteig oder Weizenvollsauer, siehe S.66f.)
ca. 350 ml lauwarmes Wasser · 500 g Weizenmehl Type 550
2 gestrichene TL Salz · Streumehl · 10 ungeschälte Knoblauchzehen
Schweineschmalz zum Ausbacken

Zubereitung

Den besonderen Pfiff bekommt der ungarische Langos durch die Beigabe von Knoblauch in das Schweineschmalz, in dem dieses Brot ausgebacken wird.

1 Am Vorabend den Sauerteig mit ca. 100 Milliliter Wasser verdünnen, glatt rühren und mit etwas Mehl zu einem dickflüssigen Teig verarbeiten, zugedeckt über Nacht warm stellen. **2** Am nächsten Tag das Mehl in eine Schüssel sieben und eine Mulde in die Mitte drücken. In die Mulde den angefrischten Sauerteig, die restliche Wassermenge und das Salz geben. Alle Zutaten von der Mitte her zu einem gleichmäßigen Teig verarbeiten und sehr sorgfältig einige Minuten kneten. Den Teig mit Mehl bestreuen und zugedeckt 4 bis 5 Stunden im Warmen gehen lassen. **3** Den Teig auf die bemehlte Arbeitsfläche heben und in etwa faustgroße Stücke teilen. Jeden Teil mit der Hand flach drücken (ca. 5 Millimeter dick) und noch einmal kurz gehen lassen. **4** Inzwischen das Schweineschmalz auf 180 °C erhitzen, die Knoblauchzehen hineingeben und die Fladen einzeln auf beiden Seiten goldgelb backen. Wenn der Knoblauch zu dunkel wird, sollte er aus dem Fett herausgenommen werden.

Süße Brote

Auf dem Land war süßes Brot traditionell immer etwas Besonderes, mag es uns heute bei unseren (oft hohen) Ansprüchen auch bescheiden vorkommen. Anlässe, zu denen solches Brot üblicher Weise gebacken wurde, waren vor allem Ostern und Weihnachten.

Steierisches Kletzenbrot (aus dem Gesäuse)

Zutaten

Für den Teig

150 g Sauerteig (Restteig oder Vollsauer, siehe S. 64f.) · 100 ml lauwarmes Wasser und 50 g Roggenmehl Type 1370 zum Anfrischen (entfallen bei Verwendung von Vollsauer) · 750 g Roggenmehl Type 1370 ca. 675 ml lauwarmes Wasser · 4 gestrichene TL Salz · Streumehl

Für die Fülle

500 g Dörrbirnen (Kletzen) · 100 g gewürfeltes Orangeat · 300 g gehackte Walnüsse · 100 g Pinienkerne (Pinoli) · 100 g Sultaninen · 200 g Zibeben oder Korinthen · 125 ml Rum · 1/2 TL gemahlene Nelken · 2 Messerspitzen Zimt · 2 Messerspitzen gemahlener Kardamom

Zubereitung

1 Am Vorabend des Backtages den Sauerteig mit dem lauwarmen Wasser und dem Mehl mischen und zugedeckt warm stellen. Die Dörrbirnen weich kochen, das Kochwasser abseihen, die Birnen in kleine Stücke schneiden, Orangeat, Walnüsse, Pinienkerne, Sultaninen und Zibeben mischen und mit dem Rum übergießen. Die Gewürze untermischen und zudecken. **2** Am nächsten Tag das Mehl in eine Schüssel sieben und mit dem Salz mischen, eine Mulde in die Mitte drücken. Den Vorteig und das lauwarme Wasser in die Mulde gießen. Die Früchtemischung dazugeben und alles von der Mitte her zu einem Teig verarbeiten, dabei alle Zutaten gut vermengen. Den Teig mit Mehl bestreut zugedeckt über Nacht im Warmen stehen lassen. **3** Am nächsten Tag den Teig auf die bemehlte Arbeitsfläche heben, zu einem runden Laib formen und in einen bemehlten Gärkorb (im Gesäuse »Sieberl«) legen. Den Teigling mit warmem Wasser abstreichen und 1 Stunde im Warmen gehen lassen. **4** Inzwischen das Backrohr auf 230 °C vorheizen. Den Teigling mit Schwung auf ein bemehltes Backblech werfen, ohne ihn zu stürzen. Vor dem Einschießen mit warmem Wasser abstreichen und auf der unteren Schiebeleiste 30 Minuten backen. Die Hitze auf 200 °C reduzieren und weitere 30 Minuten backen.

Süße Brote wurden immer zu besonderen Anlässen, beispielsweise den großen Festen des Kirchenjahres – zu Ostern und zu Weihnachten – gebacken.

Griechisches Osterbrot (Tsureki)

Zutaten

Für den Vorteig

100 ml lauwarmes Wasser · 60 g Weizenmehl Type 550 · 30 g Hefe

Für den Hauptteig

500 g Weizenmehl Type 550 · 70 g Zucker · 1 Prise Salz · Schale einer ungespritzten Zitrone oder Orange · 1 TL Masticha (ein Baumharz; in Läden mit griechischen Produkten erhältlich, ersatzweise: 1 TL gemahlener Kardamom) · ca. 250 ml lauwarme Milch · 70 g Butter · 2 Eier · Streumehl 1 Eigelb zum Abstreichen · 100 g Sesamsamen zum Bestreuen · 1 hart gekochtes rot gefärbtes Ei · Pflanzenöl zum Einfetten des Blechs

Zubereitung

Das typische Merkmal des klassischen griechischen Osterbrotes ist das rot gefärbte und hart gekochte Ei, mit dem es dekoriert ist.

1 Die Zutaten des Vorteiges mischen (zuerst die Hefe im Wasser völlig auflösen) und 30 Minuten warm stellen. Inzwischen das Mehl für den Hauptteig in eine Schüssel sieben, mit Zucker, Salz, der abgeriebenen Zitronen- oder Orangenschale und dem Masticha vermengen, in die Mitte eine Mulde drücken.   **2** Wenn der Vorteig aufgegangen ist, in die Mulde die Milch und die zerlassene Butter dazugießen und die Eier hineinschlagen. Alle Zutaten von der Mitte her gut miteinander vermengen. Den Teig bearbeiten, bis er Blasen schlägt. Mit Mehl bestreuen und zugedeckt 1 Stunde im Warmen gehen lassen.   **3** Das Teigvolumen sollte sich in der Ruhezeit knapp verdoppeln. (Die Zugabe von Butter und Eiern macht den schweren Teig etwas »träger«). Den Teig auf die bemehlte Arbeitsplatte legen und in drei Teile teilen. Jeden Teil kurz durchkneten und vorlängen.   **4** Nach kurzer Teigerholungspause aus jedem Teil einen dicken, langen Strang formen und einen Zopf flechten. Den Zopf auf ein gefettetes Blech heben, mit dem in Wasser verquirlten Eigelb einpinseln, den Sesamsamen darauf streuen und den Zopf noch einmal 20 Minuten im Warmen gehen lassen.   **5** Inzwischen das Backrohr auf 200 °C vorheizen. Kurz vor dem Einschießen das Ei an einem Ende des Zopfes leicht in den Teig drücken. Den Zopf auf der unteren Schiebeleiste 10 Minuten anbacken, dann bei 180 °C noch ca. 40 Minuten backen.

Engadiner Birnbrot

Zutaten

125 g Roggenmehl Type 815 · 125 g Weizenmehl Type 405 · 15 g Hefe

50 g Zucker · 20 g Butter · 1 Prise Salz · ca. 180 ml lauwarmes Wasser

150 g Dörrbirnen · 100 g Rosinen · 150 g grob gehackte oder

gemahlene Haselnüsse · 20 g Pinienkerne · ca. 50 ml Obstler · 1 gestrichener

TL gemahlene Nelken · 1 gestrichener TL Zimt · Streumehl · 1 Ei

Zubereitung

1 Am Vorabend vor dem Backen die Dörrbirnen weich kochen und klein schneiden. Birnen, Rosinen, klein geschnittene Feigen, die Haselnüsse und Pinienkerne mit Nelkenpulver und Zimt gut vermischen, mit dem Schnaps übergießen und über Nacht zugedeckt ziehen lassen. **2** Am nächsten Tag Roggen- und Weizenmehl in einer Schüssel mit dem Zucker mischen. **3** In einem kleinen Topf 80 Milliliter Wasser erwärmen, die Hefe darin auflösen und 45 Gramm Mehl untermischen. Diesen Vorteig 20 bis 30 Minuten warm stellen, bis er sein Volumen mindestens verdoppelt hat. **4** Eine Mulde in die Mitte der Mehl-Zucker-Mischung drücken, den Vorteig hineingießen, die zerlassene Butter, das restliche Wasser und eine Prise Salz dazugeben und alles gut miteinander vermengen. Den Teig kräftig kneten, bis er Blasen wirft. Zum Schluss die Früchtemischung unter den Teig mengen. Den Teig mit Mehl bestreuen und zugedeckt ca. 1 Stunde warm stellen. **5** Den Teig auf die bemehlte Arbeitsfläche heben, mit Mehl bestreuen und kurz durchkneten. Einen länglichen Wecken formen, diesen auf ein gefettetes Blech heben und mit lauwarmem Wasser abstreichen. **6** Das Backrohr auf 250 °C vorheizen. Den Teigling ca. 15 Minuten im Warmen gehen lassen, das Ei verquirlen und den Teigling damit einpinseln, dann auf die untere Schiebeleiste setzen und die Temperatur im Backrohr auf 225 °C reduzieren. Nach weiteren 10 Minuten die Temperatur auf 200 °C reduzieren und das Birnbrot noch 40 Minuten backen. Wenn das Brot zu rasch bräunen sollte, nach 10 Minuten für die restliche Backzeit mit Alufolie abdecken.

In der bäuerlichen Küche bestanden süße Brote aus normalem Brotteig, der durch süße Zutaten, vor allem getrocknete und kandierte Früchte, Nüsse und Gewürze, angereichert wurde.

Glossar

Abstreichen Den Teigling oder das Brot vor, während oder nach dem Backvorgang mit einer Flüssigkeit (in der Regel Wasser) einpinseln oder mit der Hand befeuchten.

Anfrischen des Sauerteiges. Man vermengt den ersten, gesäuerten Teigansatz oder den Restteig mit Mehl und Wasser und lässt diesen Mehlbrei von neuem gären.

Angeschobene Brote Brote, die im Gegensatz zu den so genannten freigeschobenen Broten im Ofen dicht aneinander geschoben werden, so dass die Seitenflächen sich berühren und nicht bräunen.

Ausmahlungsgrad Helle Mehle haben einen niedrigen, dunkle Mehle einen höheren Ausmahlungsgrad. Den Ausmahlungsgraden entsprechen die →Typenzahlen. Ein Mehl der Type 405 hat also beispielsweise einen niedrigeren Ausmahlungsgrad als etwa ein Mehl der Type 1050.

Ausschießen Das Brot aus dem Ofen holen.

Brot »Brot, einschließlich Kleingebäck, wird ganz oder teilweise aus Getreide und/oder Getreideerzeugnissen in gemahlener und/oder geschroteter und/oder gequetschter Form meist nach Zugabe von Flüssigkeit und anderen Lebensmitteln in der Regel durch Bereiten eines Teiges, Auswiegen, Formen, Lockern und Backen (einschließlich Frittieren, Heißextrudieren) hergestellt« (nach den Leitsätzen für Brot und Kleingebäck).

Broteinheit, abgekürzt BE. Eine Hilfsrechengröße für die Kohlenhydratmenge in der Diätetik. Sie ist besonders für Zuckerkranke interessant. Der Definition nach ist eine BE die Menge eines Lebensmittels, die auf den Stoffwechsel (des Diabetikers) die gleiche Wirkung ausübt wie 12 Gramm Traubenzucker (D-Glukose) unter Berücksichtigung der verschiedenen Zuckeraustauschstoffe.

Brühstück In heißem Wasser gequollene Schrote. Diese müssen vor dem Einrühren des Teiges mit kochendem Wasser überbrüht werden, damit sie quellen können.

Einschießen Das Schieben der Brote in den Ofen.

Freigeschobenes Brot Brote in Laib- oder Weckenform, die einander im Gegensatz zu den →angeschobenen Broten nicht berühren, damit auch die Seitenflächen bräunen können.

Gärkorb Korb aus Stroh, Peddigrohr oder Bast, in den der geformte Teigling zum Gären gelegt wird (besondere Form der Stückgare).

Gärunterbrechung Unterbrechung der Teiggärung, indem man den Teig kühl stellt oder sogar einfriert. Danach kann der Gärvorgang problemlos fortgesetzt werden.

Gerstern Behandlung des Teiglings vor dem eigentlichen Backvorgang. Dabei wird er kurz einer sehr starken Hitze (normalerweise über offener Flamme) ausgesetzt, so dass sich sofort eine dünne Kruste bildet, die ein Entweichen der Aromastoffe aus dem Teig während des Backens verhindert. Das Brot nimmt dann auch nicht mehr an Volumen zu.

Gluten →Kleber

Glutenfreies (kleberfreies) Brot Brot aus kleberfreiem Mehl. Bei Eiweiß-Verdauungsstörungen (Zöliakie) empfohlen.

Hefestück Der gegorene Vorteig für Hefegebäck, der aus Wasser, Mehl und Hefe besteht.

Kastenbrot Ein in der Kastenform (auch »Königskuchenform«, professionell »Backkasten«) gebackenes Brot. Die Kastenform verhindert ein Auseinanderfließen des Teiges, so dass sich auch weichere Hefeteige und pastenartige Teige (Roggenteige) gut backen lassen. Durch die verlangsamte Bildung von Unter- und Seitenkruste ist es möglich, das Brot besonders gründlich zu backen, was wiederum dem Aroma zuträglich ist.

Kleber, lateinisch »Gluten«. Ein großmolekulares Eiweiß im Mehlkörper des Weizenkorns, das von großer technologischer Bedeutung ist: Es ist besonders quellfähig und fördert die Volumenbildung des Teiges. Manche Menschen haben eine Kleberallergie (→glutenfreies Brot).

Laib Bezeichnung für die runde Brotform.

Laugengebäck In der Regel Kleingebäck (Brezeln, Brötchen, Stangen), das vor dem Backen in eine Natronlauge, bestehend aus fünf Gramm doppelkohlensaurem Natron, gemischt mit einem Liter Wasser, getaucht wird.

Mischbrot Brot aus Mischmehl. Überwiegt der Weizenmehlanteil, spricht man von Weizenmischbrot, überwiegt der Roggenmehlanteil, von Roggenmischbrot. In der kommerziellen Bäckerei ist das Verhältnis der beiden Mehle zueinander 3:1.

Restteig Ein Rest des fertigen Brotteiges, der bis zum nächsten Backen aufgehoben und dann wieder angefrischt wird.

Schluss Die beim Formen des Teiglings in der Mitte zusammengeführten Teigränder; beim fertigen Brot noch als Narbe erkennbar.

Schwaden Wasserdampf im Backrohr, der zu Beginn des Backvorgangs die Teigoberfläche noch einige Zeit elastisch hält, eine frühzeitige Krustenbildung verhindert und damit die Volumbildung des Backgutes fördert.

Streumehl Bezeichnung für das Mehl, mit dem die Arbeitsfläche, das Backblech oder der Backofenboden bestreut wird, um ein Ankleben des Teiges zu verhindern. Auch der zum Gären abgestellte Teig wird mit Mehl bestreut.

Stückgare Die Ruhezeit des geformten Teiges – der einzelnen Teiglinge –, während der der Teig noch einmal gärt und aufgeht.

Teigerholung Kurze Unterbrechung während der Ausformung bei Hefeteig, um diesen formbarer zu machen.

Teigling Der geformte ungebackene Teig.

Teigruhe Die Etappe der Teigbereitung, in der der Teig zur Gärung und Reifung sich selbst überlassen bleibt.

Type Die Typenzahl bei Weizen-, Dinkel- und Roggenmehl (in arabischen Zahlen) gibt an, wie viel unverbrennbarer Rückstand beim Verbrennen von 100 Kilogramm Mehl übrig bleibt. Verbrennt man z.B. 100 Kilogramm Mehl der Type 550, so bleibt ein Rückstand von 550 Gramm (unverbrennbare Mineralstoffe).

Vorteig auch →Hefestück. Bei Hefeteigen wird zunächst aus einer geringen Menge Mehl und Wasser, in dem die Hefe aufgelöst wurde, ein Teig bereitet, der Wachstum und Vermehrung der Hefezellen in Gang setzt.

Wecken Bezeichnung für die längliche Brotform.

Zuguss Jegliche dem Teig zugesetzte Flüssigkeit (Wasser, Milch, Buttermilch).

Literatur

Bergader, Emil: Biologie der Hefen, Leipzig 1967

Dupaigne, Bernard (Marquis, Jean: Fotos): Das Buch vom Brot, Genf 1983

Kaiser, Hermann: Das alltägliche Brot. Über Schwarzbrot, Pumpernickel, Backhäuser und Grobbäcker, Museumsdorf Cloppenburg, Niedersächsisches Freilichtmuseum 1989

Ketz, Hans-Albrecht/Baum, Friedbert (Hrsg.): Ernährungslexikon, Leipzig 1986

Körber-Grohne, Udelgard: Nutzpflanzen in Deutschland. Kulturgeschichte und Biologie, Stuttgart, 3. Aufl. 1994

von Koerber, W./Männle, Thomas/Leitzmann, Claus: Vollwert-Ernährung, Heidelberg, 6. Aufl. 1987

Dr. Oetker Lexikon Lebensmittel und Ernährung, Bielefeld 1977

Poilâne, Lionel: Guide de l'amateur de pain, Editions Robert Laffont S.A., 1981

Pollmer, Udo »Ist Vollkornbrot tatsächlich vollwertig, Herr Pollmer?«, in: Natur 9, 1993, S. 86 f.

Schormüller, Josef (Hrsg.): Handbuch der Lebensmittelchemie Bd. I: Die Bestandteile der Lebensmittel, Berlin/Heidelberg/New York 1965; Bd. V, 1: Kohlenhydratreiche Lebensmittel, Berlin/Heidelberg/New York 1967

Schwedt, Georg: Unser täglich Brot. Inhaltsstoffe der Lebensmittel, Stuttgart 1986

Skobranek, Horst: Bäckereitechnologie, Hamburg, 2. Aufl. 1995

Stobart, Tom: Lexikon der Gewürze, Bonn 1972 (Originaltitel: Herbs, Spices and Flavourings, London 1970; deutsch von *Hochheide, Gerd/Bemmann, Dorothea*)

Für sachkundige Beratung dankt die Autorin herzlich:
Philippine Bauer, Angela Dietz, Ludwig Fischer, Ulrike Schimunek-Schneider, Heidrun Schubert und Hans Georg Walzer, für die Assistenz bei der Realisation der Rezepte Marie Blaha.

Bildnachweis

Auswertungs- u. Informationsdienst für Ernährung, Landwirtschaft u. Forsten (aid) e.V., Bonn: 21; Bilderberg, Hamburg: 6, 40 (Frieder Blickle), 9 (Nomi Baumgartl), 14 (Wolfgang Kunz), 45 (Reinhart Wolf); Das Fotoarchiv, Essen: 46 (Rupert Oberhäuser); Hofmann Rainer, München: U1 (Fond und Einklinker), 1, 15, 16, 35 (2), 37 (4), 43, 47 (2), 49 (4), 59, 66, 77, 83; Südwest Verlag, München: 44 (Christian Kargl), 55, 73 (Karl Newedel); The Image Bank, München: U4 (Don Klumpp).

Anmerkung der Redaktion

Diesem Buch liegt die im Juli 1996 in Wien beschlossene und seit 1.8.1998 verbindliche Neuregelung der deutschen Rechtschreibung zu Grunde.

Hinweis

Das vorliegende Buch ist sorgfältig erarbeitet worden. Dennoch erfolgen alle Angaben ohne Gewähr. Weder Autorin noch Verlag können für eventuelle Schäden, die aus den im Buch gemachten Hinweisen resultieren, eine Haftung übernehmen.

Impressum

© 1998 Ludwig Verlag in der Südwest Verlag GmbH & Co.KG, München
Alle Rechte vorbehalten. Nachdruck – auch auszugsweise – nur mit Genehmigung des Verlags.
2. Auflage 1999

Redaktion: Angelika Forster-Walter
Projektleitung: Berit Hoffmann, Inga Zempel
Redaktionsleitung: Dr. Reinhard Pietsch
Bildredaktion: Sabine Kestler
DTP/Satz: Mihriye Yücel
Umschlag: Till Eiden
Produktion: Manfred Metzger
Druck: Weber Offset, München
Bindung: R. Oldenbourg, München

Gedruckt auf chlor- und säurearmem Papier
Printed in Germany

ISBN 3-7787-3642-6

Sachregister

Anis 31f.

Bäckerhefe (Backhefe) 23f.
Backferment 28
Backhaus 41
Backschrote 20
Backtrog 42
Backzeit 7
Baguette 38, 57
Ballaststoffe 10, 19
Bierhefe 24
Blauer Bockshornklee 32
Brot
  – als Delikatesse 12
  – als Grundnahrungsmittel 4
  – Aufbewahrung 44
  – Eigenherstellung 6ff., 13
  – einfrieren 44
  – Geschichte 4f.
  – Inhaltsstoffe 7
  – Leitsätze für 5
  – Nährwert 11
Brotalterung 45
Brotbehälter reinigen 44
Brote
  – mit pflanzlichen und
    anderen
    Lebensmittelzusätzen 81ff.
  – mit Sauerteig mit und
    ohne Hefe 64ff.
  – süße 86ff.
Brotgewürze 30ff., 38
Brotkasten 44
Brotkorb 10, 12
Brotkruste 12, 39, 43
Brotpapier 44
Brotsalat (Panzanella) 45
Brotschießer 42
Brottopf 44
Brotwahl 10

Dill 32
Dinkel 17f., 21

Eiweiß 10, 19f., 39
Elektroherd 40
Emulgatoren 8
Energiespartipp 41
Ernährung, gesunde 8f.

Farbstoffe 8
Fenchel 31
Fertigsauer 28
Fett 10, 20
Fettgebackenes 85f.
Flachbrote 78ff.
Flüssigkeit (Zuguss) 23
Flüssigkeitsthermometer 15
Fritteuse 15

Gärkörbe 14
Gärung, alkoholische, durch
Hefe 26
Gasherd 40
Gemüse 8f.
Geschmacksstoffe 8
Gesundheit (Begriff) 8f.
Getreidemühle 15f.
Gewürzmühle 14
Gewürznelke 33
Glukose 25f.
Grundausstattung 14ff.

Hartweizen 17
Hefe 17, 23ff., 34
  – Aufbewahrung 25
  – genmanipulierte 7
    im Vergleich zu
    Sauerteig 29
  – Wirkung 26
Holzofen 41ff.
  – Einheizen 42
  – Geräte für das Backen
    im 42

Instanthefe 24f.

Instantmehl 20

Joghurtbereiter 14

Kardamom 33
Kastenbrote 51f.
Kastenformen 14
Kennzeichnungspflicht 7
Kleber 39
Kleie 20
Kneten 35
Knetmaschine 15
Kochsalz 29
Kohlenhydrate 10
Konservierungsmittel 8
Koriander 30
Kümmel 30

Lockerungsmittel,
  natürliches 8, 17

Manitoba (Weizenmehl) 22
Mehl 8, 17, 35 s.a Roggen-/
Weizenmehl
  – Aufbewahrung 22
  – Ausmahlung 10, 19, 26, 34
  – Körnungsgrad 20
Mehleinkauf 21
Mehlsieb 14
Mehltypen 19
Milch 23
Mineralien 10, 19f., 25
Misch- und Roggenbrote mit
  Sauerteig und Hefe 70ff.
Mischbrote mit Hefe 62f.
Mischmehl 34
Mohn 32
Mörser 14
Mühlenläden 21f.
Muskatnuss 33

Natrium 29
Naturkostläden 22
Nudelholz 14

Obst 8f.

Ofen 40ff.

Pfundhefe 24
Piment 32f.
Pizzaofen 43

Roggen 18, 21
Roggenbrot 12, 45
– mit Sauerteig 74ff.
Roggenmehl 19f., 27, 39
Roggenmehl Type 997 34
Roggenteig 29, 34f., 38f.
Rückstände im Getreide 18

Salz 8, 17 s.a. Kochsalz
Sauerteig 17, 27f., 34, 36, 45f.
Sauerteig Extrakt 28
Sauerteigtemperatur, ideale 34
Schnelltriebhefen 7
Sesam 32
Steinbauofen siehe Holzofen

Teig 14ff., 34ff.
– Grundbestandteile 17ff.
– Vorgänge im 38f.
Teigbereitungsmaschinen 5
Teigführung 27f., 64f.
Teiglinge 36ff.
Teiglockerungsmittel 23
Teigruhezeit 7, 26, 36
Teigsäuerung 27f.
Teigthermometer 15
Teigverarbeitung 34ff.
Toastbrot 23, 45
Trockenhefe 24

Umluftherd 41

Vitamin-B-Gruppe 25
Vitamine 10, 19f., 25
Vollkornbrot 10
Vollwerternährung 4, 9

Waage 14
Wasser 8, 17, 23, 39
Weißbrot 10
Weizen 17, 21

Weizenbrote, freigeschobene
– mit Milch oder
  Buttermilch 58ff.
– mit Milch oder Joghurt
  60f.
– mit Wasser 53ff.
Weizenbrote, mit Hefe 46ff.
Weizenmehl 19f., 26, 39
Weizenmehl Type 1050 34
Weizenmehl Type 405 10, 19
Weizenmehl Type 550 10, 19
Weizenteig 29, 34ff., 38f.

Zimt 33
Zusatzstoff-Verordnung 7
Zusatzstoffe 6ff.

Rezepteregister

Baguette 57
Bauernbrot (von der bayerisch-
schwäbischen Sprachgrenze)
72
Bauernbrot aus dem Günzkreis
55
Bauernbrot, schwäbisches 62
Berner Züpfe 61
Birnbrot, Engadiner 89
Brot, toskanisches 67
Brötchen 50, 52f.
Brühbrot, ostpreußisches 74

Chiemgauer Bauernbrot 58

Flachbrot, sardisches 80
Fladenbrot, kroatisches
(Pogača) 54

Griebenkuchen 70

Hauptteig mit Weizenmehl 48
Hirseflachbrot 78f.

Joghurtbrot, bulgarisches 60f.

Kartoffelbrot, böhmisches 81

Käse-Zwiebel-Brot, cyprisches
82f.
Kastenweißbrot 52
Kletzenbrot, steierisches 87
Korbbrot, hessisches 73

Langos, ungarischer 86

Mehrkornbrot 70f.

Nordtiroler Bauernbrot 63
Nussbrot 82

Osterbrot, griechisches
(Tsureki) 88

Roggenbrot 75
Roggenflachbrot 78
Roggenschrotbrot
(Korbbrot) 76

Sauerteig (Dreistufenführung)
64f.
Schrotbrot aus der
Mark Brandenburg 71
Schux'n, bayerische 85
Schwiebuser Hausbrot 76f.
Seppig aus Estland 59
Siebenbürger Bauernbrot 69
Siebenbürger Krautbrötchen
65
Störi, österreichischer 68
Südtiroler Anisfladen
(»Vorschlag«) 53

Toastbrot 51

Vollreis-Knäckebrot 79
Vorteig (»Hefestück«
»Dampfl«) mit Weizenmehl
46ff.

Weißbrot von der
Schwäbischen Alb 60
Weizenvollkornbrot
(Grundrezept) 66f.

Zucchinibrot 84
Zürcher Brot 56